红色广东丛书

解放广东

王定毅 编著

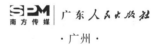

广东人民出版社

·广州·

图书在版编目（CIP）数据

解放广东 / 王定毅编著. —广州：广东人民出版社，2021.6（2022.6 重印）

（红色广东丛书）

ISBN 978-7-218-14571-6

Ⅰ.①解…　Ⅱ.①王…　Ⅲ.广东—地方史　Ⅳ.K296.5

中国版本图书馆CIP数据核字（2020）第211583号

JIEFANG GUANGDONG

解放广东

王定毅　编著

出 版 人：肖风华

出版统筹：钟永宁
责任编辑：曾玉寒
装帧设计：河马设计　李卓琪
责任技编：吴彦斌　周星奎

出版发行：广东人民出版社
地　　址：广州市越秀区大沙头四马路 10 号（邮政编码：510102）
电　　话：（020）85716809（总编室）
传　　真：（020）85716872
网　　址：http://www.gdpph.com
印　　刷：广东鹏腾宇文化创新有限公司
开　　本：787mm×1092mm　1/16
印　　张：9.5　　字　数：120 千
版　　次：2021 年 6 月第 1 版
印　　次：2022 年 6 月第 2 次印刷
定　　价：29.00 元

如发现印装质量问题，影响阅读，请与出版社（020-85716849）联系调换。
售书热线：（020）85716833

《红色广东丛书》编委会

总　序

　　百年征程波澜壮阔，百年大党风华正茂。习近平总书记在党史学习教育动员大会上指出："我们党的一百年，是矢志践行初心使命的一百年，是筚路蓝缕奠基立业的一百年，是创造辉煌开辟未来的一百年。"翻开风云激荡的百年党史，一代又一代中国共产党人，用鲜血和生命浸染了党旗国旗的鲜亮红色，书写了可歌可泣的历史篇章，铸就了彪炳史册的丰功伟绩。一百年来，党的红色薪火代代相传，革命精神历久弥坚，红色基因已深深根植于共产党人的血脉之中，成为我们党坚守初心、永葆本色的生命密码。

　　广东是一片红色的热土，不仅是近代民主革命的策源地，也是国内最早传播马克思主义、最早成立共产党早期组织的省份之一。在新民主主义革命的漫长历程中，广东党组织在中共中央的领导下，发动、组织和领导广东人民开展了一系列广泛而深远的革命斗争。1921年，广东党组织成立后，积极开展工人运动、青年运动，并点燃农民运动星火。第一、二、三次全国劳动大会连续在广州召开，全国工人运动的领导机关——中华全国总工会在广州诞生。中国社会主义青年团第一次全国代表大会在广州召开，促进了全国团组织的建立、发展。在"农民运动大王"彭湃领导下，农潮突起海陆丰影响全国。

1923年，中共中央机关一度迁至广州，中国共产党第三次全国代表大会在广州召开，推动形成了第一次国共合作，建立了国民革命联合战线，掀起了大革命的洪流。随后，在共产党人的建议下，黄埔军校在广州创办，周恩来等共产党人为军校的政治工作和政治教育作出了重要贡献，中国共产党也从黄埔军校开始探索从事军事活动。在共产党人的提议下，农民运动讲习所在广州开办，先后由彭湃、阮啸仙、毛泽东等共产党人主持，红色火种迅速播撒全国。1925年，广州和香港爆发省港大罢工，声援五卅运动，成为大革命高潮时期一个十分引人注目的重要斗争。1926年，在统一广东革命根据地后，国民革命军在广州誓师北伐，以共产党员为骨干的北伐先锋叶挺独立团所向披靡，铸就了铁军威名。在北伐战争胜利推进的同时，广东共产党组织和党领导的革命队伍迅速扩大和发展，全省工农群众运动也随之进入高潮。

1927年"四一二"反革命政变以后，广东共产党组织在全国较早打响反抗国民党反动派血腥屠杀的枪声，广州起义与南昌起义、秋收起义一起，成为中国共产党独立领导中国革命、创建人民军队的伟大开端。随后，广东党组织积极探索推进工农武装割据，在海陆丰建立第一个县级苏维埃政权，并率先开展土地革命，开启了中国共产党领导人民进行的最重大的社会变革。与此同时，广东中央苏区逐步创建和发展起来，为中国革命的发展作出了不可磨灭的贡献。1931年，连接上海中共中央机关与中央苏区的中央红色交通线开辟，交通线主干道穿越汕头、大埔，成功转移了一大批党的重要领导，传送了重要文件和物资，成为土地革命战争时期党的红色血脉。1934年，中央红军开始了举世瞩目的长征，广东是中央红军从中央苏区腹地实施战略转移后进入的第一个省份，中央红军在粤北转战21天，打开了继续前进的通道，成功走向最后的胜利。留守红军在赣粤边、闽粤边和琼崖地区进行了艰苦卓绝的游击战争，高举红旗永不倒。

抗战全面爆发后，中共中央和中共中央长江局、南方局十分重视和加强对广东党组织的领导，选派了张文彬等大批干部到广东工作。日军侵入广东以后，广东党组织奋起领导广东人民开展敌后抗日游击战争，成立了东江纵队、琼崖纵队、珠江纵队、广东人民抗日解放军、南路人民抗日解放军和韩江纵队等抗日武装，转战南粤辽阔大地，战斗足迹遍及70多个县市。华南敌后战场成为全国三大敌后抗日战场之一，党领导的广东人民抗日武装被誉为华南抗战的中流砥柱。香港沦陷以后，在中共中央的领导和周恩来等人的精心策划安排下，广东党组织冲破日军控制封锁，成功开展文化名人秘密大营救，将800多名被困香港的文化名人、爱国民主人士及家眷、国际友人等平安护送到大后方，书写了抗战史上的光辉一页。

解放战争时期，在中共中央的领导下，华南地区大力开展武装斗争，开辟出以广东为中心的七大块游击根据地，成立了中国人民解放军琼崖纵队、粤赣湘边纵队、闽粤赣边纵队、桂滇黔边纵队、粤中纵队、粤桂边纵队和粤桂湘边纵队等人民武装，其中仅广东武装部队就达到8万多人，相继解放了广东大部分农村，在全省1/3地区建立起人民政权，为广东和华南的解放创造了有利条件。在广东党组织的配合下，人民解放军南下大军发起解放广东之役，胜利的旗帜很快插遍祖国南疆。

革命烽火路，红星照南粤。广东见证了中国共产党从新生到大革命、土地革命，再到抗日战争、解放战争等革命斗争全过程。其间，毛泽东、周恩来、刘少奇、朱德、邓小平、叶剑英、彭德怀、刘伯承、贺龙、陈毅、聂荣臻、徐向前、李富春、粟裕、陈赓等老一辈革命家和李大钊、蔡和森、瞿秋白、陈延年、彭湃、叶挺、杨殷、邓发、张太雷、苏兆征、杨匏安、罗登贤、邓中夏、恽代英、萧楚女、阮啸仙、张文彬、左权、刘志丹、赵尚志等一大批革命先烈都在广东战斗过，千千万万广东优秀儿女也在革命斗争中抛头颅、洒热血，留下了光照千秋的革命历史和革命精神。广东这片红色热土，老区苏区遍布全省，大大小小的革命遗址分布各地，留下了宝贵而丰厚的红色文化历史遗产。

习近平总书记强调，中国革命历史是最好的营养剂。重温这部伟大历史能够受到党的初心使命、性质宗旨、理想信念的生动教育，必须铭记光辉历史、传承红色基因。我们有责任把党领导广东人民进行革命斗争的光辉历史和伟大功绩研究深、挖掘透、展示好，全面呈现广东红色文化历史，更好地以史铸魂、教育后人，让全省人民在缅怀英烈、铭记历史中汲取砥砺奋进的强大力量，让人们深刻认识红色政权来之不易，新中国来之不易，中国特色社会主义来之不易，确保红色江山的旗帜永远高高飘扬。

为充分挖掘广东红色文化资源的丰富内涵，我们组织省内党史、党校、社科、高校等专家学者，集智聚力分批次编写《红色广东丛书》。丛书按照点面结合、时空结合、雅俗结合原则，分为总论、人物、事件、地区、教育五个版块。总论版块图书，主要综述中国共产党在广东的革命斗争历史概况，人物版块图书主要讴歌广东红色人物，事件版块图书主要论说党领导广东人民开展革命斗争的历史事件，地区版块图书从地市和历史专题角度梳理广东地域红色文化，教育版块图书着力打造面向青少年及党员的红色主题教材。丛书以相关的文物、文献、档案、史料为依据，对近些年来广东红色文化资源研究成果做了一

次全面系统梳理，我们希望这套丛书能为党史学习教育、革命传统教育、爱国主义教育提供重要内容支撑。

　　一切向前走，都不能忘记走过的路，走得再远、走到再光辉的未来，也不能忘记走过的过去，不能忘记为什么出发。站在"两个一百年"的历史交汇点上，我们要更加坚定自觉地学史明理、学史增信、学史崇德、学史力行，赓续红色血脉，传承红色基因，以一往无前的奋斗姿态、风雨无阻的精神状态，推动广东在全面建设社会主义现代化国家新征程中走在全国前列、创造新的辉煌。

《红色广东丛书》编委会

2021年6月

目录
CONTENTS

一 争取和平民主的
斗争

（一）抗战胜利后广东的局势

1. 蒋介石在华南部署内战

1945年9月2日，日本在投降书上签字，标志着中国抗日战争胜利结束。中国人民热切渴望实现和平民主，医治战争创伤，重建家园。但是，以蒋介石为首的国民党统治集团，为了继续保持大地主大资产阶级专政的统治，妄想依靠美帝国主义的支持和其自身经济、军事优势，发动内战，用武力消灭中国共产党和人民武装。为把广东变为支撑全国内战的后方基地，国民党对在抗日战争中发展起来的人民抗日武装，执行完全消灭的方针。

国民党广东当局秉承蒋介石集团的旨意，蓄谋发动内战。国民政府派第二方面军司令官张发奎任华南战区受降主官、广州行营主任，罗卓英任广东省政府主席兼保安司令，在广东恢复国民党的统治。1945年10月20日至30日，国民党广州行营主任张发奎在广州召开了广东、广西两省"绥靖"会议，限期两个月内肃清所谓"奸匪"（诬指人民武装）。

国民党随即调遣大批兵力开赴广东各地，投入内战。除了原驻守广东的第五十四军外，又把驻赣南的第六十三军第一五二、第一五三师和第六十五军第一六〇师，驻广西的第四十六军、第六十四军以及从缅甸归来的新编第一军调入广东。这样，在广东省境内，蒋介石就集中了6个正规军的兵力，形成了绝对优势。

国民党部队在广东兵力部署如下：在东江地区，有国民党新一军之第三十师、第三十八师、第五十师，第五十四军之第三十六师，第六十三军之第一五三师、第一五四师，第六十五军之第一八六师，纠合地方团队，共7万余人。在琼崖地区，有第四十六军之第一七五师、第一八八师、新编第十九师，保安第六团及各县地方团队，共1.5万余人。在中路和西江地区，有第六十四军之第一五六师、第一五九师，保安第一、第八、第九团及各县地方团队，共约1万人。在粤北（北江）地区，有第六十五军之第一六〇师，第五十四军之第八师、第六十四军之第一三一师和江西省保安团两个团。在南路地区，有4个师。在潮汕、兴梅地区，有第一八六师的3个团，第七战区挺进队第一、第二支队，保安第二团，保安第五、第六大队等。

2. 广东省各种矛盾更加尖锐

尽管国民党军事气焰嚣张，但其内部矛盾却很尖锐。抗战胜利后，国民党军政大员以"接收"之名，行"劫收"之实，大发"胜利"财，甚至包庇汉奸、卖国贼罪行，贪赃枉法，这使得国民党统治集团的反动本质进一步暴露。此时，国民党为了换取美国对其内战政策支持，不惜出卖领土主权，宣布中国市场向美国全部开放，在封建剥削制度的束缚和美国商品的打击下，广东的民族经济面临着新的危机，举步维艰。国民党广东当局内部张发奎和罗卓英为了争夺广东的控制权，相互倾轧、争权夺利，都在扩张自己的势力，矛盾重重。

3. 人民武装迎来新的考验

截至日本投降时，广东已经建立东江、北江、琼崖、珠江、闽粤赣、南路、中区等游击区和根据地，建立了东江纵队、琼崖独立纵队、珠江纵队、韩江纵队、广东南路人民抗日解放军、广东人民抗日解放军等抗日武装，总兵力2万多人。党组织发展到1万多人。人民武装在抗战中经受了锻炼，建立了显赫战功。但是，这些人民武装相对比较分散，难以最大限度地集中优势兵力应对紧急复杂的局面。因此，广东的人民武装，将在祖国的最南端、面临着远离中共中央等特殊情况，开启严峻复杂的解放斗争。

抗战后广东的局势表明，国民党计划武力消灭人民革命力量，在国共两党力量对比悬殊的情况下，人民武装面临着严重的困难。但是，经过抗战的锻炼，人民武装已经发展起来，只要紧紧依靠人民，就能迎接新的考验。

全面内战于1946年6月爆发，而广东地区从1945年10月起，内战已经在部分地区开始。由于国民党集团发动全面内战的时机尚未成熟，因此，内战只在局部地区进行，广东也处于打打停停的局面。

（二）人民武装的自卫斗争

1. 分散坚持工作

面对国民党军队大规模的军事进攻，党领导广东各地人民武装坚持进行自卫斗争。中共中央密切关注广东的局势发展，1945年8月26日，中共中央在《关于同国民党进行和平谈判的通知》中对广东等地给予特别关注，指出"在广东、湖南、湖北、河南等省的我党力量比华北、江淮所处地位较为困难"，"但是国民党空隙甚多，地区甚广，只要同志们对于军事政策（行动和作战）和团结人民的政策，不犯大错误，谦虚谨慎，不骄不躁，是完全有办法的"。"除中央给

予必要的指示外，这些地方的同志必须独立地分析环境，解决问题，冲破困难，获得生存和发展。""坚决依靠人民，就是你们的出路。"9月10日，中共中央致电中共广东区委员会（通称"广东区党委"）：东江纵队应采取分散坚持保存干部的方针，并尽快作出具体安排。

遵照中共中央指示，广东区党委确定了新的工作方针，一方面坚持斗争，保存武装和干部；另一方面长期打算，准备将来合法的民主斗争。具体部署如下：

第一，军事斗争。除海南岛外，把全省划分为11个区，分别是：（1）南始区（南雄、始兴等县）；（2）翁英佛新区（翁源、英德、佛冈、新丰等县）；（3）从花佛清区（从化、花县、佛冈、清远等县）；（4）增龙博区（增城、龙门、博罗等县）；（5）九连山区（和平、连平等县）；（6）惠东宝区（惠阳、东莞、宝安等县）；（7）海陆惠紫五区（海丰、陆丰、惠阳、紫金、五华等县）；（8）南山区（惠来、普宁、潮阳、揭阳等县）；（9）八乡山区（梅县、丰顺等县）；（10）中区（云浮山区）；（11）南路（十万大山和勾漏山区）。加上海南岛的琼崖区，总共12块区域。广东区党委要求每个区与地方党组织配合，重新调整干部和兵力，坚持斗争，进行自卫反击战争。

第二，城市工作。广东区党委在领导城市工作中，分为两个系统：一是秘密组织系统，由梁广、黄康（会斋）等负责，主要领导城市的地下斗争，恢复和建立党的组织；二是半公开系统，由连贯、饶彰风等负责，主要以香港为中心，负责对外宣传和从事统一战线工作。

第三，领导工作。广东区党委领导机关由罗浮山迁回惠阳、宝安地区。广东区党委领导成员分工是：梁广、黄康、连贯、饶彰风负责城市工作，林平（后称尹林平）、曾生在东江，杨康华、林锵云、王作尧、黄松坚在粤北，罗范群、刘铁山（田夫）在中区，梁嘉在西江，周楠在南路，分别领导各地的斗争。有部队活动的地区，由军队党组织统一领导，国民党统治区的武工队，由地方党组织领导。

9月19日，中共中央同意广东区党委工作部署。9月20日，广东区党委正式向各地党组织发出《对广东长期坚持斗争的工作布置》的指示。此时，中共琼崖特别委员会（特别委员会简称"特委"）直属中共中央领导，与广东区党委保持联系，接受广东区党委政治上的指导、帮助。

2. 开展自卫斗争

粤、桂两省"绥靖"会议后，国民党广东当局加紧实施两个月扑灭人民武装的计划。各地的人民武装毫无畏惧地奋

起自卫还击。自1945年秋起，全省各游击区认真贯彻中共中央关于分散坚持的指示和广东区党委的部署。广东区党委和东江纵队的领导机关转移到惠阳大鹏半岛，1946年初迁移到香港。

在东江地区。国民党企图借助新编第一军等拥有全副美式装备的正规武装，在开赴北方打内战之前，首先荡平东江根据地，以实现其控制全广东的目的。东江纵队决定成立粤北、江南（东江以南）、江北（东江以北）、东进（海陆惠紫五）4个地区的指挥部，实行分区指挥。粤北指挥部下辖第五支队、西北支队、北江支队、珠江纵队独立第三大队、东江纵队独立第一大队和始兴风度大队以及后来北上九连山的第三支队等，负责人林锵云、王作尧、杨康华，同时成立粤北党政军委员会，杨康华为书记。江北指挥部下辖第四支队、解放大队、民主大队、罗浮大队和桂山大队，指挥员周伯明、政委陈达明。江南指挥部下辖第一支队、第六团、第七支队、港九大队独立中队和大亚湾海上独立大队，指挥员卢伟如、政委黄宇。东进指挥部下辖第四团、第五团、第六支队和独立大队，指挥员卢伟良、政委张持平。东进指挥部和东江纵队第七支队展开的稔平保卫战，牵制了敌军向东江南岸的进攻。第一、第三、第四支队等，打退敌人进攻后，各自转移到九连山、南昆山等地活动。粤北指挥部在北山、油山等山区站稳脚跟。中共中央得悉广东北上各部队战胜顽军的进攻，在粤北站稳脚跟的消息后，特驰电予以慰勉。

在韩江地区。潮汕韩江纵队根据中共中央和广东区党委指示，提出"武装精干，分散活动，发动群众，开辟新区"的斗争方针。将三个支队缩编为三个大队。第一大队开赴潮安、澄海、饶平三县，第二大队开赴南阳山区，第三大队留在大北山区。后因敌情严重，斗争形势更加尖锐复杂，部队决定再次精简，采取"化大为小，化长（枪）为短（枪）"的方针，将部队缩编为每队10～20人左右的小型突击队。两次分散整编，使得部队更加灵活机动。

在梅（县）埔（大埔）地区。梅埔韩江纵队第一支队由大埔北上开辟上杭、武平、蕉岭、梅县地区，第四、第五支队合编为武工队，巩固发展以铜鼓嶂为中心的梅县、大埔、丰顺地区，第九支队仍在饶平、平和地区活动。1946年2月后，部队逐渐减少军事活动，主要做群众工作。

在南路地区。南路人民抗日解放军第一团一部在团长黄景文带领下突围，于1945年10月中旬达到广西博白县马子嶂地区。第一团另一部得悉遂溪机场仓库储存着军用物资，国民党守军兵力薄弱，该部在团政委唐才猷带领下，10月

10日夜突袭遂溪机场，仅用半个小时，全歼守敌100余人，缴获重机枪3挺，机关炮2门，步枪30余支，子弹3万多发。这是南路人民抗日解放军开展自卫斗争以来规模最大、成果最大的一次战斗。这次战斗打乱了国民党军的"围剿"计划，振奋了人心。第一团两部会师后，于12月上旬达到预定地点——十万大山东端贵台地区，胜利实现战略转移目的。第一团后来成为桂滇黔边纵队重要组成部分。南路人民抗日解放军其他各团也分别开回本县，以连、排、班为单位分散活动。

在西江地区。1945年12月下旬，西江特委决定采取"巩固发展"的工作方针，一面坚持在原有地区巩固原有部队和群众组织，一面开辟新区，加速发展党和群众组织，坚持长期斗争。为巩固发展部队，他们在思想上要求克服保守和宗派主义等不良倾向，提倡勇敢前进精神；组织上审查干部，精简机构；军事上坚持自卫斗争，分散隐蔽；政治上揭露国民党内战阴谋，教育人民群众。

在珠江地区。珠江纵队主力撤走后，只有少量武装留在番禺、南海、三水、中山等县分散活动。为了避开敌人打击，留守部队分成几个武装工作小分队进行活动，部分党员、干部则以教师或其他职业作掩护。

广东区党委认真贯彻中共中央关于分散坚持的正确指示，转变斗争方式，在国民党发动大规模军事进攻的形势下，达到了保存武装、保存干部的目的，广东人民武装也完成了由民族革命战争向国内革命战争的战略转变。

（三）东江纵队北撤风云

1. 粉碎国民党当局阴谋

1945年10月，根据国共双方签署的《国民政府与中共代表会谈纪要》（即《双十协定》），"中共愿将其所领导的抗日军队由现有数目缩编至二十四个师至少二十个师的数目，并表示可迅速将其所领导而散布在广东、浙江、苏南、皖南、皖中、湖南、湖北、河南（豫北不在内）八个地区的抗日军队着手复员，并从上述地区逐步撤退应整编的部队至陇海路以北及苏北、皖北的解放区集中"。广东解放区是中共让出的8个解放区中最大的一个。东江纵队等广东人民武装已经做好北撤准备，但由于国民党不断制造事端，致使北撤历经波折。

为了监督执行中共代表与国民党政府代表于1946年1月10日达成的自1月13日午夜停止军事冲突的协议，由国民党政府、中国共产党和美国政府各派一名代表组成军事调处执

行部（简称"军调部"），调处随时可能发生的军事冲突。
军调部下设若干执行小组，分赴各军事冲突地点进行调处。
派到广州的是军调部第八小组，其成员为：中共方面代表方
方少将，国民党方面代表黄维勤少校（后为罗晋淳接替），
美国方面代表米勒上校。1946年1月25日，军调部第八小组
到达广州。国民党广东当局严密封锁外界与军调部第八小组
中共方面人员接触，同时大肆制造诋毁共产党军队的舆论。
在军调部第八小组到达广州的第二天，国民党广东当局发表
谈话，说"广东没有中共军队，只有'土匪'"。谈话的恶
毒之处在于使停战命令不适用于广东。2月5日，张发奎在

军调部第八小组通行证和标识

接到蒋介石密令"长江以南不在停战协定范围之内，贵行营辖区内残匪希加紧清剿，限期肃清"，于当天下午召开记者招待会，说"行营从未奉到辖区内有中共部队番号、驻地及驻军数目之通知，各方亦无此种情报。事实在粤专扰乱治安者，仅系地方零星土匪及伪军之残余与逃亡之日本兵，其行动在任何方面观察，均不能承认其为军队，故本人无法应中共代表之要求，妄行承认此种寙类为中共部队"。

广东省存在中共军队，本来是不争的客观事实，国民党当局之所以一再否认广东省内中共军队的存在，完全是一场政治阴谋。他们以为凭借绝对优势的兵力就能很快歼灭占劣势的长江以南人民武装，因此，虽然下达了停战命令，但广东省境内的国民党军队不仅没有停止进攻，反而更加猛烈。军调部第八小组计划于2月13日到大鹏半岛了解军事冲突情况，而国民党则在小组出发前一周，对大鹏半岛发动更大规模的军事攻势，集中第六十三军第一一五师、新一军第三师、第五十四军第三十三师、保安第十二团等绝对优势兵力，在海军、空军配合下，对大鹏半岛发动第三次进攻，企图在小组到来之前将人民武装就地消灭或驱逐出大鹏半岛，同时胁迫当地群众不准他们说出这里有中共军队。

为了迫使国民党承认人民武装的合法地位，中共中央和广东区党委与其进行了针锋相对的斗争。在坚持自卫斗争的同时，通过各种渠道展开强大政治攻势。1946年2月13日和15日，延安《解放日报》和重庆《新华日报》先后发表《华南抗日游击纵队的功绩》一文，指出："广东现在是执行停战令受到阻碍的唯一地方"，"在执行小组已到广州以后，该战区司令张发奎还拒绝承认共产党的地位，继续派兵向这一支对同盟国反对日本法西斯战争事业卓著功勋的队伍进攻"。该文以华南抗日纵队功绩的事实批驳了国民党当局的谬论。2月16日，中共中央发言人发表谈话，指出国民党广东当局的行为是"违抗军令军纪，破坏停战命令与北平执行部尊严的错误行动"，"希望三人委员会与北平执行部，迅速采取必要步骤，纠正国民党当局此种错误言行，停止对华南抗日纵队的进攻与污蔑，使停战命令在广东迅速实现，以保障国内的和平"。广东区党委也通过报刊等途径发表谈话，揭露国民党对人民武装的污蔑，动员社会各界知名人士，向政治协商会议、重庆国民党最高当局等发去电报，揭露国民党军队进攻解放区的真相。3月9日，根据中共中央指示，中共广东区委书记、东江纵队政委林平飞抵重庆，在3月11日的中外记者招待会上，林平揭露了国民党反动派妄图否认、消灭华南抗日游击队的阴谋，介绍了华南游击队抗战的战绩，扩大了宣传和影响。3月18日，周恩来在重庆再次举行中外记者招待会，首先让林平作揭露国民党在广东挑起内战阴谋的发言，然后周恩来号召全国人民、盟邦朋友、各党派朋友一致来监督政协全部协议的实现。

此外，社会各界也给予了很大的同情和支持。1946年2月17日，香港圣公会会督何明华给张发奎发电报说："我以耶稣基督的名义，请求你训令你部下的将领们，立即停止进攻东江的爱国的中共军队。"3月22日，中国民主同盟港九支部在香港召开成立大会，要求国民党立即停止对东江解放区的进攻。何香凝、蔡廷锴、李章达等爱国民主人士以及新加坡、泰国等地的华侨也呼吁停战。连被东江纵队营救过的英美人士，也发表谈话称赞东江纵队是英雄的部队，坚决给予支持。

2. 东江纵队成功北撤

经过一系列的斗争，国民党当局承认广东有中共军队存在。1946年3月31日，以国民党代表皮宗阙、中共代表廖承志、美国代表柯夷三人组成的军事代表团到达广州，就东江纵队北撤与军调部第八小组一起进行谈判。没有想到的是，谈判伊始，张发奎重弹广东没有中共武装的老调，廖承志当场质问："你老是口口声声说广东无中共武装，那

你们过去发了那么多限共、溶共、反共的密令，是针对谁的呢？""目前你们又制定了绥靖密令，又是针对谁的呢？难道不是针对中共武装的吗？"张发奎瞠目结舌，无言以对。柯夷、皮宗阙也不同意张发奎的无理纠缠。经过反复讨论，4月2日，广州行营与军调部第八小组就停战和东江纵队北撤问题签署了协议，协议包括三项原则、十项协议和一个附则，主要内容有：（1）承认华南有中共领导的抗日武装力量。（2）华南中共武装力量北撤限定2400人，从调查之日至登船之日止，以一个月为限，不得超出。不撤退的复员，发给复员证，政府保证复员人员的生命安全，财产不受侵犯，就业居住自由。（3）登船地点为大鹏湾。北撤人员撤至陇海路以北，由美国负责撤退船只。

由于国民党事后又生枝节、制造事端，我方代表廖承志、方方、曾生、林平等同志与国民党反动派进行了坚决而灵活的斗争，经过50天的谈判，5月21日终于达成广东中共武装人员北撤山东的具体协议。由于张发奎反对，北撤协议不包括海南地区。为了保证北撤人员安全抵达目的地，廖承志代表中共发表声明，表示广东境内除海南岛外，其他地区将不自动作武装斗争。5月25日，军调部第八小组成员分为3个支组，前往江南、江北、北江三处，协助中共武装人员撤

东江纵队指挥员曾生（左）、王作尧（中）、杨康华（右）在北撤前合影员

退。至此，北撤进入实施阶段。

然而，国民党当局又一次背信弃义，在人民武装集中和行军的过程中，制造一系列破坏事件。在江北，6月2日，国民党军队袭击驻增江河畔沙塘圩的中共部队，打死战士8人，抓走7人，其中2人被杀害，制造严重流血事件。粤北部队南下集结途中，遭到国民党军第一三一师、第一五三师的围追堵截，国民党特务还企图暗杀人民武装指挥员，被当场抓获。东进指挥部在惠阳遭到国民党保安第七团两个营的进

攻，被迫反击，一个营被歼，另一个营慌忙撤退。没有想到的是，国民党当局却反咬一口，说是中共军队袭击国军。在军调部第八小组调查事实真相时，东江纵队把缴获的国民党当局下达给保安团进攻人民武装的命令展示了出来，国民党代表无法抵赖，十分狼狈。

6月下旬，人民武装克服重重困难，按时到达大鹏半岛的葵涌集结。正在这时，美方来电说由于飓风影响，登陆舰可能迟到。国民党当局得知这一消息后，欣喜若狂，急令参谋处制定围歼集中于大鹏半岛的人民武装的计划。当此十分危急时刻，这一阴谋被潜伏在国民党第四战区的中共地下党员杨应彬、左洪涛、郑黎亚获悉，他们立即通过民主人士萨空了将情报送给广东区党委书记林平。广东区党委迅疾作出三项决定：一是向周恩来、叶剑英报告，通过军调处揭露国民党阴谋；二是由方方向第八小组提出抗议；三是动员香港进步报刊，将国民党阴谋公之于众。同时，人民武装也作了紧急军事部署，严阵以待。由于上述斗争充分和准备充足，国民党当局围歼人民武装的罪恶阴谋没能得逞。

6月29日下午，美国3艘军舰进入大鹏湾。当天下午，北撤部队在大鹏湾沙鱼涌登舰。得到子弟兵即将北撤的消息，东江革命根据地的父老乡亲不顾国民党军队的阻拦，他们扶

老携幼，手里提着水果、鸡鸭鱼肉蛋和服装鞋袜等物品赠
送自己的亲人。6月30日凌晨，登陆舰起航。此前，北撤部
队成立了北撤部队军政委员会，曾生为书记，王作尧、杨康
华、林锵云、谢斌、罗范群、谢立全、刘田夫为委员。北撤
部队共2583人，其中包括珠江纵队89人，韩江纵队47人，南
路部队23人，粤中部队105人，桂东南部队1人。方方代表中
共中央军委到大鹏半岛欢送，曾生代表北撤人员向美国代表
米勒上校赠送书写着"和平使者"的锦旗，表彰他的贡献。
7月5日凌晨，北撤部队抵达山东烟台，受到山东解放区军民

抵达山东烟台浪坝码头的东江纵队男战士

的隆重欢迎。不久，北撤部队干部分别进入华东军政大学和华东党校学习。1947年8月1日，以东江纵队北撤部队为基础成立了中国人民解放军两广纵队（简称"两广纵队"）。这支部队在人民解放战争和解放广东的战斗中作出了重要贡献。

东江纵队北撤，是中国共产党以实际行动向全国人民表明争取和平的诚意，对中国人民的和平民主事业具有重要意义。北撤过程虽历经波折，但东江纵队克服重重障碍，终于实现战略转移的目标，这是抗战后广东人民武装的一次重

抵达山东烟台浪坝码头的东江纵队女战士

山东烟台军民欢迎北撤部队抵达烟台

大胜利，粉碎了国民党妄图将广东人民武装主力消灭的罪恶阴谋。

（四）琼岛斗争的坚持

1. 海南内战全面爆发

海南岛，亦称琼崖，简称琼岛。活跃在这里的琼崖纵队，是中国共产党在海南岛领导的一支人民武装，是以1927年9月海南岛农民起义队伍为基础组建的。截至抗战胜利，琼崖纵队发展到7000多人，解放了海南岛五分之三的地区。

领导这支武装的海南地区党组织是中共琼崖特别委员会。抗战胜利后，海南也在为保存革命力量、争取和平民主进行着艰苦卓绝的斗争。

《双十协定》公布后，琼崖特委经过研究认为，要以实际行动来克服内战危机，这个实际行动就是动员广大人民群众彻底破坏一切有利于反动派的军事设施，对于无理侵入民主地区的国民党军队要予以坚决打击。

1945年9月，国民党第四十六军开进琼崖，一方面接受日本投降，另一方面妄图消灭琼崖纵队。国民党当局一面与琼崖特委和琼崖纵队进行商谈，一面调动军队加紧布防。琼崖特委和国民党当局先后于1945年10月下旬和1946年1月13日两次在海口会见。为了防止海南内战，琼崖特委尽了最大努力，进驻海南的国民党第四十六军军长韩练成是一位爱国将领，早年曾加入共青团，后来失掉组织联系，但仍同情与倾向革命，他也在力所能及的范围内做了许多工作，但这种努力并没有达到预期效果。因为国民党反动派的目的在于消灭人民武装，在全国内战形势的影响下，海南发生内战只是时间问题。至1945年底，国民党军队大肆攻占琼崖纵队控制的地区，形成了对琼崖纵队领导机关和部队的包围，基本完成了在琼岛的内战部署。

（1）琼崖特委牙叉会议。

1946年1月14日，国民党琼崖当局接到停战命令。此时，革命队伍内部有人产生了和平幻想，在琼崖特委和纵队领导层中发生了琼崖是否有继续打内战的可能的争论。

1月16日，琼崖特委在白沙牙叉召开科级以上干部会议，研讨停战以后的形势。在会议讨论环节出现了意见分歧，一种意见认为，停战命令是蒋介石作为国民党元首亲自签发的，因此全国范围必须停战，琼崖也不例外，而且国民党琼崖当局也下了停战命令，全岛性质

琼崖特委书记冯白驹

的冲突可能性很小。另一种意见以冯白驹、庄田（琼崖特委委员、琼崖纵队副司令员）、李振亚（琼崖纵队副司令员）为代表，他们认为琼崖作为全国一部分，停战是没有问题的，但琼崖孤悬海外、远离主力，国民党军队反共反人民的本性没有变，即使在全国实现了和平，但在革命力量薄弱的地区，国民党仍会继续进攻，因此，全国虽已和平，但琼崖内战还可能延长一段时间。琼崖特委书记冯白驹肯定了后一种意见。琼崖特委根据后一种认识，制定了工作对策，在政

治上加大宣传攻势，要求国民党军队停止进攻琼崖纵队；在军事上坚持自卫方针，保存力量。会议决定将领导机关转移到六芹山一带，挺出外线，琼崖纵队第一、第二、第三支队也立即向外线转移。

牙叉会议是琼崖特委坚持民主集中制的一次生动实践，也是琼崖纵队历史上非常重要的一次会议。会议正确分析了当时的形势，作出了正确的判断，进行了前瞻性的部署，在战略上赢得主动，避免被国民党军队大包围和大袭击。

（2）琼崖纵队自卫反击。

牙叉会议不久，张发奎就派广州行营副主任徐景唐、参谋长甘丽初到海口接手"接收协调委员会"的工作，徐景唐、甘丽初二人均为陆军中将，可见国民党对在海南发动内战的重视程度。他们到达海南后帮助第四十六军代理军长海竞强开展"剿匪"工作。

1946年2月14日，在国民党琼崖当局宣布停战一个月之后，由国民党第四十六军组成的突击队分三路向琼崖特委和琼崖纵队领导机关所在地白沙解放区进攻。所幸的是，根据牙叉会议的决定，领导机关已经转移到六芹山。国民党第四十六军察觉后，立即调转矛头，以3个团的兵力猛扑六芹山。为了打破国民党第四十六军的"清剿"，琼崖纵队司令部命令挺进支队副支队长张世英率领第一大队和第二大队第四中队在仁洞伏击第四十六军，歼敌50多名，缴获轻机关枪2挺，步枪20多支。战后，挺进支队留下第一中队驻守六芹山，其余兵力挺出外线寻找战机。但国民党第四十六军误以为琼崖纵队主力仍在六芹山，便集中3个团的兵力，配合地方武装，村村驻兵、步步紧逼，企图把琼崖纵队困死饿死。琼崖纵队留守部队则分成10多个游击小组，分散活动，并骚扰、杀伤敌人，把国民党第四十六军拖在六芹山，有效支援了主力在外线的作战。这一期间，国民党军队在"清剿"六芹山的同时，调集4个团的兵力，在地方武装配合下，对琼崖纵队其他驻地发动进攻。

琼崖纵队的反击出乎国民党广东当局的意料之外。1946年5月，张发奎亲自到琼崖，面授"政治瓦解与军事消灭并进"的策略。6月，国民党广东省前进指挥所指挥官邓龙光在海口召开紧急军事会议，制定新的"清剿"计划。这次，调集了第一七五师、第一八八师、新编第十九师和保安第六团的优势兵力，采取"分散对付分散"的作战方针，分头进攻琼崖解放区，甚至采用抢光、烧光、杀光等抗战时期日本侵略中国时的手段来对付解放区军民。

针对国民党的部署，琼崖纵队调整了作战策略，采取适当集中、攻歼分散之敌的方针，打乱了国民党军的进攻计划，还攻克了琼崖西北重地新盈港。同时协助地方机关，破坏国民党保甲制度，使得国民党的政治瓦解计划也无法实现。当得知蒋介石要将第四十六军调往山东战场时，琼崖纵队又利用敌人换防之机，广泛出击，恢复扩大解放区。

在10个月的自卫斗争中，琼崖纵队先后进行战斗100多次，共歼灭以第四十六军为主力的国民党军队4000多人，缴获迫击炮2门，轻、重机枪20挺，长、短枪400余支，攻克圩镇据点40余个，琼崖纵队活动区域进一步扩大。中共中央对琼崖纵队自卫反击战的表现高度评价。

2. 正确处置北撤、南撤

琼崖纵队在这期间却经历了北撤和南撤两个问题的考验。

正确处置北撤问题。1946年4月，广东区党委派林树兰（琼崖特委秘书）向琼崖特委传达东江纵队北撤的协议。琼崖特委书记冯白驹在会上强调，不能因北撤产生思想波动，必须坚持斗争。会议要求将广东区党委的决定传达到支队和地方县以上领导干部，但是由于个别干部不慎把北撤消息泄露出去，致使在干部和群众中出现消极悲观的情绪。琼崖特委6月14日作出《关于执行上级指示，继续坚持自卫斗争的工作决议》，强调琼崖的自卫战争必然是要继续坚持的，要抛弃对国民党蒋介石集团的一切幻想。这一决议传达后，重新鼓舞了海南军民的斗争热情，扭转了因消息泄露而产生的被动局面。由于国民党当局拒不承认琼崖纵队，琼崖纵队无法北撤，这进一步坚定了部队在海南坚持斗争的决心。

正确处置南撤问题。由于东江纵队等主力北撤，琼崖纵队成了孤军作战。为了琼崖纵队的安全，广东区党委于1946年7月指示琼崖纵队主力撤往越南。琼崖特委经过反复研究认为不宜南撤，必须在海南坚持斗争。他们分析到，国民党军队正对琼岛进行"围剿"，如果强行撤出，将有被消灭的危险，撤出后也很难再打回来。琼崖军民有长期孤岛斗争的经验，只要方针正确，紧紧依靠群众，就能够在琼岛坚持下去。琼崖特委决定将意见向广东区党委汇报，并同时报中共中央。中共中央对此高度重视，10月30日，毛泽东代表中央亲自起草回复琼崖特委电报，认为"你们意见很好"，并指出"你们应以占领整个海南岛为目标，将来再向南路发展"。

正确处置北撤和南撤问题，是琼崖特委从自身斗争的实际出发、坚持实事求是的生动案例，这为琼崖特委和琼崖纵队之后的斗争、发展、胜利奠定了重要的基础。

（五）贯彻隐蔽待机方针

1. 调整组织

东江纵队北撤后，国共两党在广东省的军事力量对比极为悬殊。人民武装约为6400人，其中人民武装约6400人，而国民党仍有2个军、10个保安团和正在组建的30多个保安团（队）等，优势十分明显。1946年6月，全面内战爆发，国民党军队计划利用东江纵队北撤之际，一举消灭广东的中共军队。广东人民武装斗争进入更加艰难困苦的时期。针对这种局势，中共中央指示广东区党委要"长期坚持，准备力量，等待时机"。广东党组织认真贯彻中共中央方针，进入分散隐蔽阶段，同时采用多种形式坚持斗争。

鉴于广东的局势变化和斗争需要，1946年6月，中共中央南京局（原是中共中央南方局，1946年5月改称中共中央南京局，广东党组织隶属其领导）决定在香港成立中共港粤工作委员会（工作

中共广东武装人员临时复员证

委员会简称"工委"），任务是负责广东、香港等地区的文化、宣传、经济、侨运、统战及外事等工作。港粤工委由林平、连贯、廖沫沙、左洪涛、饶彰风组成，中共广东区委书记林平兼任书记。东江纵队北撤后，留在广东的区党委委员有梁广、连贯、饶彰风、黄康、周楠、黄松坚、梁嘉等，增补梁广为区党委副书记。广东区党委和港粤工委都直属南京局领导，港粤工委组织不公开。周楠被派往越南，任中国共产党广东区党委驻越南共产党中央联络员，负责处理南路、琼崖撤至越南的中共干部及武装等问题。这一时期，华南党组织主要由中共中央代表、南方工委书记方方和广东区党委书记林平担负领导责任。

为适应形势发展需要，广东区党委经中共中央同意，设立特派员制，由特派员分别领导各地党组织的工作，采取单线联系，转入秘密活动。江西赣南特派员刘建华；粤北特派员张华；小北江特派员张江明；后东特派员钟俊贤；江南特派员蓝造，副特派员祁峰；江北特派员谢鹤筹，副特派员欧初；南路特派员温焯华，副特派员吴有恒；西江特派员梁嘉；中区特派员谢永宽；中山特派员曾谷，副特派员黄佳；潮汕特派员曾广；梅埔特派员张全福，副特派员陈仲平、何献群。广东区党委同时加强党员干部的教育，恢复建立各地

党组织，截至1946年年底，全省党员1.3万多人。

2. 分散隐蔽

东江纵队主力北撤后，中共履行协议，逐步将留下来的武装人员复员或转移到城市、海外工作。然而国民党再一次背信弃义，对留粤中共武装人员实行彻底消灭方针，对复员人员也不放过。国民党把这种反动政策称为"拔根"政策。在这种情况下，广东区党委要求留下来的武装人员在一段时间内停止活动，分散隐蔽。

在粤北地区，武装人员分成若干小组进入深山老林，以山洞、枯井、茅寮为家，白天从事生产、学习、训练，晚上下山做群众工作。由于国民党围歼追捕，留粤武装人员不得不靠野菜野果充饥，生活条件十分艰苦。个别同志在严酷的环境下，思想出现波动。各地区及时成立临时工委，对党员同志开展革命理想和前途教育，提高指战员信心和斗志。

在潮汕地区，大部分武装人员疏散隐蔽，回乡参加生产。对已经暴露的人员，有的转移到南洋，有的易地安置，以教书、经商、做工为掩护。同时选派党性坚强的同志打入国民党政权机关或乡保基层组织。此外，留下的13名武装骨干则组织成立直属于潮汕特委的武工队，莲花山卓花村也保留了一支30多人的武装队伍。

在梅埔地区，由于杭武蕉梅地区数十个革命基点村受到国民党反动派摧毁，梅埔韩江纵队第一支队被迫转移到大埔县棉畲、郑石寮一带隐蔽。11月，闽粤赣边工委召开扩大会议，决定将武装力量进一步缩减，梅埔韩江纵队改编为20人的中共梅埔地委特务队。

在南路地区，当地有人民武装500人，他们组成3～5人一组的若干个小型精干武工队，分散隐蔽于10多个县中，他们要么以群众面目出现，与群众共同生产，要么进入树林、蔗林，蹲地洞、山洞、水井，日宿夜动。

在西江地区，留下来的武装人员以个人名义分散活动，但遭到国民党"清剿"、搜捕，被迫钻山林、宿山洞。后来中共两江特委召开会议，决定整顿和巩固队伍，提高认识，坚持长期斗争。部队整训后，成立18支人数不等的小队，分散活动。

在中区，留下来的武装人员140多人分散在4个地区活动，他们隐藏武装，有的下海捕鱼、养蚝，有的上山开荒种地，有的当教师，等等，两三个月内基本停止了武装活动。

历史已经证明，广东区党委提出的长期打算、分散隐蔽、积蓄力量、以待时机的方针是正确的。正是由于这一方针得到贯彻执行，在严峻的形势下，广东党组织保存了力量、干部和武装，为后来的武装斗争恢复，奠定了坚实的基础。

武装斗争的恢复与
发展

（一）中共中央香港分局的成立

1. 领导骨干聚首香港

1946年6月，全面内战爆发，蒋介石集团气焰十分嚣张，妄图在3～6个月内消灭中共领导的武装力量。但国民党当局没有想到的是，中共军队却节节取得重大胜利。从1946年11月起，国民党军队进攻气势开始下降。"从11月起，战局已由蒋进我退的局面，变成拉锯式一进一退的局面。"为了保持攻势，国民党不得不从后方抽到兵力到内战前线，造成大后方兵力相对薄弱。地处国民党统治大后方的广东，只留下第六十四军一部和10个保安团、2个宪兵团，兵力也由之前的7万余人减至4.6万人。同时，国民党反动派为了维持内战，加紧"三征"（征兵、征粮、征税），人民群众不满情绪日益增长，截至1946年底，群众性反抗国民党斗争已遍及全省27个县。再加上统治阶级内部矛盾加剧，致使广东政局产生诸多不稳定因素。这种情况表明，在广东恢复发展人民武装斗争，时机已经成熟。

中共中央香港分局（简称"香港分局"）就是在这种背景下成立的。广东区党委在东江纵队北撤前后，就已经开始在香港建立相关党的领导机构。1946年5月，在广东区党委林平、梁广等人帮助下，中共中央代表方方的夫人苏惠在香港尖沙咀弥敦道一所楼房内，建立家庭掩护式领导机关。林平与夫人余慧在香港铜锣湾设立党的机关和电台，与中共中央保持电台联系。1946年7月，方方以中共中央代表身份到达香港，领导华南党组织工作。

随着局势的发展，香港的地位日益重要。1946年11月15日，国民党召开由其一手包办的"国民大会"，关上两党和谈大门，逼迫中共代表团撤退。在此前后，周恩来和中共中央南京局布置章汉夫、许涤新、胡绳、乔冠华、龚澎、夏衍、廖沫沙、林默涵、邵荃麟、方卓芬等撤至香港，加强党在香港的工作，成立以章汉夫为书记的报刊工作委员会，组建以乔冠华为社长的新华社香港分社。

1947年1月16日，中共中央决定成立中共中央香港分局，由刘长胜、方方、林平、潘汉年、刘宁一、梁广、章汉夫、夏衍、连贯等9人组成。方方、林平致电拥护成立香港分局，并提出分局及其下属机构人事安排方案。由于刘长胜留中共中央上海局工作，中共中央便指示由方方、林平等组成香港分局。为了打破国民党封锁，把中共的主张告诉世界，刘宁一被中共中央派往欧洲工作，所以也没有到香港分局任职。

2. 香港分局正式成立

根据中共中央1947年5月6日关于设立香港分局的指示，香港分局由方方、林平、章汉夫、梁广、潘汉年、夏衍、连贯7人组成，方方、林平为正、副书记。香港分局接受中共中央直接领导，既是中共中央派出机构，也是华南党组织的领导机关，管辖范围为：广东、广西两省的所有党组织，福建、江西、湖南、云南、贵州等省部分地区党组织；港、澳、南洋等地的党组织。香港分局的建立，标志着香港成了华南革命斗争的指挥中心，使华南人民革命事业有了坚强的领导核心，有力地领导了广东和华南地区党的建设和人民解放战争。

中共中央设立香港分局，
方方为香港分局书记

中共中央对香港分局的职责和斗争方式特别给予指示，

华南党在"推动反美反蒋统一战线，支援解放区战争，促进全国革命新高潮时，必须估计到斗争的长期性与复杂性"。

"你们防止混淆，即：有武装斗争，又有和平斗争，更有两面斗争；有公开党，有秘密党，更有兄弟党；有公开刊物，有秘密刊物，更有中间性刊物；有下层群众团体，有上层统战组织，更有广泛的华侨团体。"

在香港分局之下设立3个平行组织：一是港粤工委（后称"香港工委"），负责香港及华南、南洋公开的统战、刊物、报纸、文化、外交、经济、华侨、群众（工、青、妇）各项工作。二是城市工作委员会（城市工作委员会简称"城委"），负责华南各城市的地下工作。三是各地区党委，负责各小城市及农村工作。根据中共中央指示，地区党委有广东区党委、琼崖区党委、闽粤赣区党委、广西工委。

香港分局成立后，存在半公开和秘密两个工作系统。半公开的系统是香港工委，在香港开展各项工作，并掩护秘密系统工作。香港工委由章汉夫、连贯任正、副书记，夏衍、许涤新、乔冠华为常委。工委下设以夏衍为书记的文化工作委员会、以连贯为书记的统战工作委员会、以许涤新为书记的财经工作委员会、以章汉夫为书记的报刊工作委员会、以黄焕秋为书记的群众工作委员会和以李超为组长的青年组、以余慧为组长的妇女组及以乔冠华为社长的新华社香港分社、以苏惠为部长的组织部。

秘密系统包括香港分局、城委和各地区党委。香港分局专门领导武装斗争，设农村工作委员会，负责联系各地区人民武装，由方方、林平直接领导。联系各地区武装斗争的有：黄松坚、梁嘉、欧初、林李明、林美南、李云、方东平、陈健、张森等。各地在香港设立联络站，通过派驻联络员或政治交通员与香港分局保持联系。城委即港粤城委，书记梁广，负责广州、湛江、香港、澳门、桂林、柳州、厦门等大中城市地下党组织工作。

（二）党在广东恢复武装斗争的部署

1. 中共中央决策：全力布置游击战争

在筹建香港分局的同时，中共中央鉴于在广东恢复发展人民武装斗争的时机已经成熟，于1946年11月6日发出《对南方各省工作的指示》，指示要求凡有可能建立公开游击根据地的地区，就应建立，不应采取消极复员政策；凡是条件不成熟的地区，应隐蔽待机，但目标仍是积极准备发动公开游击战争建立游击根据地。11月17日，中共中央再次致电方方、林平，重申11月6日指示精神，要求"应在党内消除过去认为广东特别长期黑暗，因而必须无了期埋伏之思想；广东党今后中心任务即在于全力布置游击战争"。

广东区党委表示完全接受中央指示，于11月27日作出"恢复武装斗争"的决定，号召各地留粤武装人员，重新拿起武器，建立武装队伍。这标志着广东人民武装分散隐蔽阶段结束，进入恢复、发展游击战争，配合全国解放战争阶段。

2. 湾仔会议：形成赤色割据

东江纵队北撤，使得大部分武装骨干撤离广东，面对敌人在广东尚有四五个师，而我军仅有1900多人（不含琼崖纵队）的状况，不少党员干部对在广东恢复武装斗争存在诸多顾虑，"广东的武装斗争能否搞得起来？搞起来以后会不会再一次撤退？"为了更好传达、贯彻中央指示，武装广大干部思想，迅速恢复发展武装斗争，1947年1月，广东区党委在香港湾仔区召开党委扩大会议，史称"湾仔会议"。

与会人员为区党委委员和各地党组织负责人，包括梁广、黄松坚、饶彰风、连贯、梁嘉、林美南、冯燊、刘建华、严尚民、李殷丹、张华、温焯华、刘向东、蓝造、祁烽、欧初、魏南金、谭天度、黄文俞、谢永宽等20多人，会议由方方、林平主持。

方方作了《当前时局的特点》和《关于广东形势和赤色割据问题》的重要讲话。讲话分析了国际、国内和广东的形势，指出国民党在广东的统治困难重重，根基遭到削弱，而人民革命却在蓬勃发展。针对部分干部存在的模糊观念和悲观情绪，方方提出五个反对，即"反对和平幻想""反对死等的掩蔽""反对看不见前途""反对城市享乐主义""反对走直线、两个拳头打人、攻坚"，指出"现在群众斗争是放手大搞，有理、有利、有节。武装斗争是大部分小搞，小部分大搞"。他要求干部们要动员起来，以实际行动迎接中国革命新的高潮。方方用毛泽东关于武装割据的思想，分析了广东"赤色割据"的可能性和必要性，指出广东武装斗争前途就是敢于在有利条件下搞成赤色割据。对于如何形成赤色割据局面，与会者经过讨论认为要注意依靠山地、依靠群众、建立并领导两面政权、采取"梅花点"式打开局面、搞好官兵军民团结等五个方面。

会议认真学习了中共中央关于恢复华南武装斗争的有关指示和毛泽东关于游击战争的战略战术问题的论述，检查、总结广东党组织自1942年以来的工作，研究恢复和发展广东武装斗争。与会者围绕广东区党委对抗战后形势的估计、东江纵队北撤、干部疏散转移、如何造成赤色割据等问题进行了热烈讨论，开展了认真的批评与自我批评。最后，林平代表区党委作了《广东党四年来工作的初步检讨意见》的报告，总结了经验教训，统一了思想，明确了斗争方向，得到了与会者的一致赞同。

湾仔会议是广东区党委召开的一次十分重要的会议，这次会议克服了1946年以来一些干部的和平幻想和东江纵队北撤后的消极情绪，明确了斗争的目标方向，为广东开展恢复发展武装斗争工作奠定了坚实的思想基础。会议结束后，广东区党委还在香港举办了5期干部训练班，学习中共中央指示和广东区党委的决定以及游击战争的战略战术等，参加学习的不仅有各地区党委领导人，还有部分县特派员和军事骨干。

3. 广东区党委：部署武装斗争

1947年3月，林平代表广东区党委作的《关于广东武装工作的意见》报告，对恢复和发展广东武装斗争问题进行了具体部署。该意见指出，在粤北和粤桂边境，建立相当主力并加以训练，提高战斗力；在平原，建立分散的精干小股人民自卫武装；在重要据点和交通要道，建立秘密武装小组。该意见还规定，恢复发展武装斗争最主要的任务是为人民做好事，保卫群众利益。由于国民党强行"三征"，各阶层深受其害，工农群众负担更为沉重，因此，斗争口号是反对"三征"、维持治安。方针是在小搞中建立基础，准备好大搞的条件，为建立根据地奠定基础。作战原则是避免打硬仗，以保存实力为主，重点放在边境山区和重要交通线上。活动形式以分散为主。活动以人民自卫或以复员人员自卫名义进行。广东各地人民武装建立"自卫队""抗征队""护乡团"等队伍，以民众的名义，开展声势浩大的自卫斗争。

1947年4月，方方、林平就华南地区游击战争作出整体部署，提出"建立边界游击根据地"的战略方针，划分粤桂边、粤桂湘边、粤赣湘边、闽粤赣边、琼崖5个战略单位。根据战略单位，香港分局调整设置各地党的组织机构。1947年5月撤销中共广西工委，所属组织与广东、云南相近的党组织合并。成立以周楠为书记的中共粤桂边工委，在勾漏山、十万大山开展游击战；建立以张华为书记的中共五岭地委；建立以温焯华为书记的中共粤桂边地委，加强粤北和南路两个地区的领导工作。后根据工作需要，增加了粤中和滇桂黔边两个战略单位，形成7个战略单位。香港分局向这7个战略单位派出干部，建立党的领导机构，加强对各地游击战争的领导。

（三）游击战争的恢复和发展

1. 南路地区

南路地区是东江纵队北撤后保存武装力量最多的地区，即使在隐蔽时期，他们也以武工队的形式坚持活动，打击反动势力。

1946年11月，人民武装袭击外罗港警察所，并在海面截击押运货物往海南岛的敌人，缴获两船物资和一批枪械。廉江、遂溪的人民武装先后伏击了国民党盐警队和自卫大队。化县、吴川、茂名、电白、信宜、博白、合浦、灵山等地的人民武装也袭击了国民党县警察中队和乡公所。截至1946年11月下旬，武工队发展到1100多人。1947年1月22日，南路特派员吴有恒在湛江市赤坎协源米铺召开雷州、廉江、化县、吴川特派员会议，作出放手发展人民武装，开展游击战争，建立游击区，实行"赤色割据"的决策。会议决定以廉江北部的粤桂边作为南路游击战争的活动中心。

1947年3月8日清晨，遂溪人民武装第一、第二游击中队在遂（溪）湛（江）公路的大路前村附近设伏，当场击毙国民党遂溪县县长戴朝恩及其4名卫士。在胜利的鼓舞下许多农民踊跃参军，许多青年教师、学生积极参加游击战争。南

路党组织因势利导，决定建立主力团，将武装斗争提到更高水平。

1947年3月，南路决定成立粤桂边人民解放军，吴有恒任代司令员。以遂溪县4个游击中队为基础成立粤桂边人民解放军新编第一团，团长金耀烈，政委李晓农。将廉江独立大队扩编为粤桂边人民解放军新编第二团，团长黄东明，政委周斌（后为黄明德）。以化吴游击部队为基础，建立粤桂边人民解放军新编第四团，团长罗明，政委唐多慧。从3月22日新编第一团开始作战至4月14日，南路3个主力团在不到一个月的时间，毙伤俘敌300余人，摧毁国民党乡公所近20个，解放圩镇8个，缴枪200余支，子弹400余发，破仓分粮1000余石（1石=50千克）。武装队伍由1100多人发展到5000余人。

1947年4月26日，方方致函粤桂边地委，正式批准成立粤桂边区人民解放军司令部，司令员庄田，副司令员唐才猷（庄、唐二人均未到职），温焯华为政委，吴有恒为副政委，欧初为政治部主任。与此同时，中共粤桂边地委成立，书记温焯华，副书记吴友恒。

2. 粤赣湘边区

粤赣湘边区主要包括五岭、九连、江北、江南、瀚江等地区。1947年3月，广东区党委在这一地区分别建立党的领导机构。

九连地区工委，由严尚民、魏南金、钟俊贤、曾志云组成，书记严尚民。领导东江人民抗征队、连和民主义勇队、和平人民义勇队、河西人民自救队等4支人民武装，活动于广东的连平、和平、龙川、河源、紫金、五华和江西的龙南、定南、虔南等边境一带。

江北地区工委，由黄庄平、黄佳、黄柏、陈江天组成，书记黄庄平，副书记黄佳。领导增龙从博人民自卫队、龙从人民保乡队、东江人民解放独立第十大队、博龙河人民解放军、清从佛人民义勇大队等5支部队，活动于增城、博罗、龙门、从化、佛冈、清远等地。

江南地区工委，书记蓝造，副书记祁烽。领导惠东宝人民护乡团、惠紫人民自卫大队、海陆丰人民自卫队等3支部队，活动于惠阳、东莞、宝安、海丰、陆丰、紫金地区。

瀚江地区工委，由何俊才、黄桐华、林名勋、梁泗源、涂锡鹏组成，书记何俊才。组建以黄桐华为支队长、何俊才为政委、林名勋为政治部主任的粤赣先遣支队，活动于广东翁源、新丰、英德、佛冈、曲江和江西的虔南、龙南边境。

五岭地委，由张华、黄业、刘建华、陈中夫、金阳组

成，书记张华，副书记黄业、刘建华。成立以黄业为总队长、张华为政委、刘建华为副总队长、陈中夫为政治部主任的粤赣湘边区人民解放总队，辖第一、第三、第五、第六等4个支队和1个独立大队，活动于广东的南雄、始兴、曲江、仁化和江西的上犹、崇义、大庾、信丰以及湖南的汝城、桂东地区。

粤赣湘边区人民武装袭击国民党政府的乡公所、警察所，破仓分粮，摧毁国民党乡政权，扩大武装队伍。从1947年1月至5月，共摧毁敌人警察所11个，乡公所41个，歼敌930余人，九连和东部队还智擒龙川及和平两县联防主任、和平县参议长周光如，缴获各种枪1199支，破仓分粮5万余担（1担=50千克，下同），组织民兵1万多人，部队由470人发展到1900多人。3月中旬，中共江南工委还策动国民党保安第八总队一个排起义。随着武装斗争的进一步开展，逐步形成了油山、帽子峰、北山、九连山、黄洞山、南昆山、罗浮山、惠东宝、海陆惠紫五等游击根据地。

3. 其他地区

闽粤赣边区。1946年冬，中共闽粤赣边区工委成立，书记魏金水。1947年4月，闽粤赣边区工委在大埔召开第二次会议，魏金水传达了中共中央和广东区党委的有关指示，会议决定实行"先粤东后闽西南，普遍开展游击战争"的方针，建立中国人民解放军闽粤赣边区总队，总队长刘永生，政委魏金水，副政委朱曼平。辖粤东支队、闽西支队、闽南支队，活动于广东的大埔、梅县、兴宁、平远和福建的平和、永定、诏安等闽粤边境地区。

此外，以曾广为书记的潮汕特委（1947年5月后改为潮汕地委，由香港分局直接领导）于1946年6月在大北山建立潮汕人民抗征队，司令员刘向东，政委曾广，辖一个大队，队长林震，活动于丰顺、五华、潮阳、普宁一带。此时，流沙一带有一个欺压人民、杀害革命者的号称"四大天王"之一的国民党普宁县参议员、"普宁县自新委员会"主任、流沙区八乡联防主任陈君秀，此人罪大恶极，十分嚣张，1947年1月，潮汕特委直属武工队政委陈彬率领队员，潜入其卧室，将其击毙。5月，潮汕特委武工队连破上陇村、灰寨、横溪村谷仓，得谷4000余担，人民群众深受鼓舞。这两支人民武装辗转于闽粤边界和粤东潮汕地区，他们放手发动群众，开展游击战争，给敌人以有力打击。

中区。从1947年2月至5月，除组建中共台（山）开（平）赤（溪）中心县委外，也在新会、高明、鹤山地区、在两阳（阳江、阳春）地区和新（兴）恩（平）边区组建高

鹤人民抗征自卫大队、春北武工队、漠南武工队、新恩人民保乡自卫大队等武装队伍，人数共计180人。5月，中区各地武装部队负责人在恩平县圣堂附近山区热水村召开会议，中区特派员谢永宽进一步传达湾仔会议精神。会议决定武装斗争的重点是罗定、郁南、云浮三县的云浮山脉周围山区，在山区要积极发展武装力量，发动群众开展反"三征"斗争。此前于1947年3月，台南武装小分队在台山县大径口伏击国民党台山县保警第四中队，毙敌9人，伤敌多人，缴获轻机枪2挺，长、短枪10余支。4月，高鹤人民抗征自卫大队袭击国民党高明县合水圩田粮所和乡公所保警队，击毙田粮所主任廖之衮。5月，活动于新恩边的武装小分队，先后擒获并处决恩城联防大队长、恶霸梁德骥，国民党驻恩平守军谍报队队长胡祥，以及无恶不作的开平东山乡保长廖孚群。

粤桂湘边区。1947年1月，该边区的广（宁）四（会）清（远）边人民武装袭击国民党暗泾自卫队，俘敌10人，缴获步枪10支。3月，剿灭危害百姓的金坑土匪武装。4月中旬，梁嘉来到西江，向该区负责人周明、王炎光、叶向荣等传达了湾仔会议精神，决定积极扩军，建立主力部队，发展武装斗争，以绥江区人民武装为基础组建挺进队。5月1日，叶向荣、林锋率领挺进队袭击国民党青云、青阳、青田三乡联防大队，击毙大队长纪宜春以下8人，缴获机枪1挺，步枪18支。同月又袭击三乡公所，打开3座粮仓，把稻谷分给群众，处决纪子林等6名匪首和木格乡反动乡长罗斌。5月29日，江金武工队成功策反国民党江谷自卫队，破粮仓一座，缴获武器一批。这些胜利，为进一步发展粤桂湘边的人民武装斗争奠定了基础。

从1946年11月中共中央指示发展华南游击战争到1947年4月下旬，虽然只有短短的5个月，但人民武装斗争在广东是迅速恢复并普遍发展起来的，南路等地区已发展到相当规模，人民武装队伍有了团和支队一级的建制。广东人民武装斗争的恢复和发展，有力地牵制了国民党的军事力量，支援了全国的解放战争，为促进革命高潮的到来，结束国民党在广东的统治，奠定了坚实的基础。

三 粉碎国民党当局的两期"清剿"

（一）反"清剿"前国内省内局势

1. 中国共产党：迎来战略进攻

1946年，全面内战爆发。经过一年的作战，处于劣势的中国人民解放军先后粉碎了国民党军队的全面进攻和重点进攻。截至1947年7月，全国军事形势发生重大历史性转折，长期处于军事绝对优势的国民党军队由战略进攻被迫转入战略防御，而长期处于军事绝对劣势的中国人民解放军则实现了由战略防御到战略进攻的转变，这也是20多年来国共军事态势的一次大转变。

这一重大变化，始于刘邓大军千里跃进大别山。1947年6月30日，中共中央作出大胆决策，由处于内线作战、位于黄河以北的刘伯承、邓小平，率领晋冀鲁豫野战军主力即刘邓大军，以敌人意想不到的突然行动，一举突破黄河天险，千里跃进大别山。为配合刘邓大军，中共中央决定由陈赓、谢富治率领的晋冀鲁豫野战军一部挺进豫西，由陈毅、粟裕率领的华东野战军主力则进入豫皖苏平原。至此，三路大军均由内线打到外线，且形成了"品"字形阵势，它们不仅互为犄角，呈鼎足之势，更为重要的是直接威胁到国民党的统治中心地区——南京和武汉。与此同时，仍处于内线作战的西北、华北、华东、东北等地区解放军，也先后转入战略反攻和战略进攻阶段。由此，构成了人民解放军对国民党军队的全国规模的战略进攻总形势。

2. 国民党蒋介石集团：企图稳固华南

与此相反，国民党蒋介石集团不仅在军事上处境日益不利，在政治上和经济上的危机也日益深重。蒋介石集团为了摆脱困境，采取了更加残酷的手段镇压人民革命运动，加紧搜刮人力、物力、财力资源。华南作为物产丰富、国际交往便利之地，是国民党统治的重点后方。然而，蒋介石的这个后方并不如他想象的"稳固"。此时，人民武装队伍迅速壮大，广东的人民武装力量已由1946年东江纵队北撤时的6000多人发展到1.5万人左右，分别控制和占领了相当部分的地区，不断削弱着国民党在华南的反动统治，严重威胁其后方基地。

无论是从挽救全国败局出发，还是为巩固后方基地，都促使蒋介石集团决定加强对华南的统治。1947年9月，国民党当局委派国民政府委员、国民党中央执行委员会常委宋子

文到广东，接替张发奎、罗卓英担任广州行辕（由广州行营改称）主任、广东省政府主席、广东省保安司令，集党政军大权于一身。从1947年9月至1949年1月，宋子文为了达到国民党安定华南的企图，先后集中大规模兵力对广东各地的人民武装进行了两期"清剿"。相对于优势的国民党军队，虽然广东人民武装处于劣势，但在党的领导下，先后粉碎了两期"清剿"，人民武装和革命根据地都实现了较大发展。

（二）粉碎第一期"清剿"

1. 香港分局"二月指示"

宋子文主粤后，立即召开"绥靖"会议，准备对各解放区和人民武装进行"清剿"，并且叫嚣"广东治安三个月有办法，六个月见成效"。为了实现这一目标，他制定了"清剿"计划，先后成立9个"剿匪指挥部"，3个省际边区"联剿指挥部"，若干个县联合的"剿匪指挥所"，更换各县县长，从省到县实行"军政一体化"。从1947年12月开始，宋子文为了达到"安定华南，支持华北、华中"的目的，调集国民党驻广东全部兵力，包括10个保安团、3个补充旅以及一切地方反动武装，采取"分区扫荡""重点进攻"的策略，对解放区和人民武装进行"清剿"，这是第一期"清剿"。宋子文第一期"清剿"的重点是粤北和南路地区。

中共中央对宋子文主粤十分重视，明确指示香港分局要尽量揭穿宋子文主粤阴谋，击破其"清剿"人民游击队的阴谋。根据中共中央指示，香港分局和广东各级党组织号召人民要看穿宋子文的虚弱本质，针锋相对提出"与宋子文竞赛""永远走在宋子文的前头"的口号。

针对宋子文和国民党广东当局的企图，1948年2月，香港分局在香港召开会议，会议对各地大搞武装斗争等工作作了全面部署。会后，香港分局发出《粉碎蒋宋进攻计划，迎接南征大军的指示信》（又称"二月指示"4月又发出《对二月指示信的补充指示》），指示提出"普遍发展，大胆进攻"及"以进攻消灭敌人的进攻，以发展消灭敌人的进攻"的作战方针。根据"二月指示"精神和香港分局的指示，各地人民武装广泛开展反"清剿"斗争。

2. 各地边区粉碎"清剿"

粤赣湘边区。这一区域的瀻江、五岭、九连、江北首当其冲。1947年12月，国民党集中第六十九师第九十二旅、第九十九旅，广东省保安第一、第八团和湖南省一个保安团，江西省两个保安团地方反动武装，对瀻江、五岭地区发

动大规模进攻。由于该区域的一些地区忙于进行分田、分粮斗争，人民武装对国民党军队进攻的严重性估计不足，加上军事指挥存在失误，以至于陷入被动，部分人民武装损失较大，但他们很快认真总结了经验教训，调整了方针政策，加强对反"清剿"的领导，部分取得了一定胜利。这一时期，人民武装江南支队主动出击，先后袭击广（州）九（龙）铁路布吉火车站、深圳沙头角海关等，打退了国民党军队对东莞长塘的进攻，不断消灭敌人的有生力量，部队从反"清剿"前的2791人增加到7200余人。

闽粤赣边区。国民党反动派调集6000余人，对粤东人民武装实行重点进攻。闽粤赣人民武装粤东支队和潮汕人民抗

江南支队成立地旧址——惠东安墩

征队面对强敌毫不退缩，与其展开针锋相对的斗争，以进攻抗击国民党军队的进攻，不断壮大自身。粤东支队攻占国民党蕉岭县政府，县长李秋谷化装潜逃。经过马头山伏击战，粤东支队不仅挫败了国民党对梅埔丰边游击根据地的围攻，而且俘虏了"粤闽赣边区剿共总指挥部"前线指挥官少将高级顾问张光前，"闽粤边区剿匪总指挥部"总指挥涂思宗也因作战不力，被宋子文撤职。在潮汕地委的正确领导下，潮汕人民抗征队从1948年3月至4月，先后三次取得反"清剿"的胜利，这支部队于1948年7月奉香港分局指示，组建为闽粤赣边区纵队潮汕支队。

粤中区。粤中区是国民党在广东统治的心脏地带，国民党反动派在该区域的兵力达8000余人，而人民武装仅有700余人。为了打破国民党反动派"清剿"，1948年2月至3月，香港分局决定成立粤桂边区党委广南分委，同时从粤桂边人民武装抽调部分主力东征到粤中区。粤中区从实际出发，坚持"分散发展"方针，取得较大进展，打破了国民党军队在粤中的"清剿"计划，发展了自身。通过斗争，多数县建立了具有一定战斗力的基干队和区乡民兵，为发展粤中人民武装创造了条件。这一期间，成功争取国民党郁南县参议会议长李光汉及其领导的郁南自卫大队起义，史称"郁南

起义"，该起义对国民党广东统治集团而言是一次沉重的打击。

粤桂湘边区。国民党反动派调集1万余人对该区域发动进攻。粤桂湘边人民武装决定实行冲出老区、开展外线作战的方针，成立连江支队、绥贺支队、桂东独立团，分别向北、向西、向东挺进。在挺进外线作战过程中，由于平均使用力量，被国民党的优势兵力围攻，遭受了不少损失，但是这一战略也加速了新区的开辟，一定程度上打击了国民党反动派，使其"清剿"计划不能完全实施。这一期间，连江支队于1948年2月9日晚（1948年除夕），在无一伤亡的情况下，全歼国民党桂东专署集训中队。

粤桂边区。1947年冬，粤桂南"剿匪"总指挥陈沛先调集兵力5000多人，对该地区实行残酷"清剿"。由于粤桂边地委对形势严重性估计不足，指挥失当，致使根据地受到严重摧残。1947年12月，粤桂边地委召开廉江会议，传达学习香港分局关于组织主力东西挺进、转向外线作战的指示，决定抽调主力组成两支部队，一支东征粤中地区，一支西进十万大山，余下部队坚守原地斗争。粤桂边人民武装的东征和西进成为南路地区武装斗争的转折点，不仅保存了主力，原地区工作坚持下来且得到发展，而且分散了国民党的兵力，减轻了南路游击根据地的压力，同时支援了所到之地的武装斗争，有力粉碎了国民党军队"清剿"南路的计划。

截至1948年6月，国民党反动派对广东人民武装的第一期"清剿"宣告失败。据统计，在这次反"清剿"斗争中，歼灭国民党军队约3个团的兵力，人民武装力量增长了60%，活动范围扩大了三分之一。

在粉碎第一期"围剿"斗争中，涌现了许多动人的事迹。江北支队第一团警卫员黄新民护送县委领导突围时，与国民党军队遭遇，身受重伤，仍设法吸引敌军火力，掩护战友安全脱险，自己却被活活烧死。女战士陈为两个手指被打断，但仍冒着生命危险从已经牺牲的江北支队第四团政治部主任林科身边取回手枪和文件袋，使军事机密不致落入敌人手里。

（三）粉碎第二期"清剿"

1. 香港分局"八月指示"

宋子文并不甘心第一期"清剿"的失败，他经过一番准备，很快又筹划了对解放区和人民武装进行第二期"清剿"。这一次"清剿"的兵力为3个补充旅、15个保安团、12个独立保安营及所有的地方反动武装。第二期"清剿"的

中心计划是"划区清剿、肃清平原、围困山地",一面"组成若干机动兵团,实施重点进攻,企图歼灭我主力",一面又组织"地方反动武装,分区联防,划区清剿,从巩固其现有统治上健全保甲,肃清我平原力量,与我作军事政治的斗争,以配合其机动兵团的进攻"。

此时全国的形势与一年前已经发生很大的变化,中国人民解放军总兵力已发展到280余万人,不仅巩固了战略进攻的态势,而且掌握了战争的主动权。国民党兵力则由430万人下降到365万人,虽然兵力总数仍超过人民解放军,但被分割在东北、华北、华东、中原、西北5个战场,由全面防御进入分区防御。广东的形势与一年前相比也发生了很大的变化。经过第一期反"清剿"斗争,各革命根据地对国民党"清剿"的残酷性有了足够的认识,具有了比较丰富的经验和比较深刻的教训,队伍和战斗力都有提高,根据地也得到巩固和发展。

针对第二期"清剿",香港分局于1948年6月向各根据地发出指示,提出"坚持平原游击战,以掩护山地边区之建立根据地"的方针,强调要开辟山地,使平原与山地在战斗中能相互配合,同时纠正了以往有的根据地的一些错误做法,要求"对不反动地主,过去反共目前不反共分子,愿意暗中助我的乡、保长、警察，都不能去动他，对地主富户的征借应有限度，使其愿意接纳，对华侨、工商业者、中农必须绝对保护"。8月，香港分局发出《关于半年工作总结和今后方针任务》的指示（又称"八月指示"），进一步分析了"左"的错误形成的原因和克服办法，明确指出"从普遍发展中组织主力，以便能够进一步进行较大规模的战斗，一部分一部分地歼灭敌人有生力量"，这是粉碎第二期"清剿"及改变敌我形势基础的中心环节。"八月指示"对粉碎第二期"清剿"具有重要意义。

2. 再次挫败宋氏"清剿"

香港分局"八日指示"发出后，各地区人民武装主动出击，进行反"清剿"斗争。虽然斗争的区域仍在原来的5个边区，但这一次各边区的斗争艺术和能力大大提高，取得了一个又一个胜利。

粤赣湘边区。江南地区是第二期"清剿"的重点地区，国民党反动派集中1.2万兵力围攻该区域。人民武装江南支队此时共计7200余人，虽然有较大发展，但兵力总量仍处于劣势。江南支队召开团以上干部会议，研究决定集中优势兵力作战，先后取得了沙鱼涌、山子下、红花岭战斗的胜利，在一个多月的时间内，共歼敌1500人，缴获八二炮4门，六〇

炮4门，轻、重机枪31挺，长、短枪500余支，各种子弹12万发，电台2部，人民武装装备得到很大改善。这些胜利极大地鼓舞了江南地区的广大军民。江南支队不仅击败了国民党军对惠东宝革命根据地的进攻，并为以后打开海丰、陆丰、惠东、紫金、五华的局面和建立大块根据地打下了基础，而且吸引了国民党全省五分之一的兵力，有力支援了其他地区的反"清剿"斗争。九连地区党组织认真总结本地区在反"清剿"斗争中的教训，学习江南支队成功经验，提高斗争本领，在白马、大湖、鹤塘、骆湖、大人山5次战斗中，全部获胜；多次在不利条件下，化被动为主动，表明粤赣边支队指挥水平已有很大提高。五岭、滃江、江北地区的解放总队、北江支队、江北支队也认真吸取教训，积极开展军事行动，取得了杨梅坑、阿杞山、杨梅潭等多场战斗的胜利，成功策动国民党始兴县澄江自卫大队邓荣华和中队长钟利韬率所部120多人起义，国民党新丰县县长张汉良被活捉。

闽粤赣边区。国民党反动派向该地区集结2万兵力，而这里的人民武装加上民兵只有1.3万人。潮汕支队主动向平原出击，取得系列胜利，特别是在后来与有国民党驻广东国防军参战的硬仗——茅坷嶂战役中，歼灭国民党军队500余人，不仅给宋子文以重大打击，而且标志着潮汕战场人民武装由战略防御转为战略进攻，到1948年底，潮汕支队发展到3800人，民兵1.2万人，所属3个根据地日臻巩固。针对国民党军队的"分区驻剿"方案，闽粤赣边区纵队直属第一团向国民党力量薄弱的饶和埔丰地区出击，粤东支队在以大埔坪沙为中心的埔（大埔）永（定）梅（县）边活动，与县独立大队配合，不但消灭了国民党军队的有生力量，而且使之顾此失彼、非常被动，"分区驻剿"成为泡影。韩江支队第十一团积极开展平原游击战，使韩东游击根据地和闽南游击区相连接，粉碎国民党军队的"清剿"。

粤中区。国民党反动派集中1.58万兵力进攻粤中游击区。这时，粤中人民武装兵力2345人、民兵1483人，共3828人，只有国民党兵力四分之一左右。但粤中各地人民武装抓住国民党军后方防守空虚的机会，主动出击，接连在高要水口、恩平锦湖等一系列战斗中取得胜利。1948年9月30日，被称为王牌军的全部美式装备国民党保安第十四团一个加强连（120多人）翻越布辰岭进入塘面村谷地，人民武装集中300余人优势兵力在此设伏，国民党军面对前后夹击之势，慌忙以火力掩护，企图突围，但被人民武装的火力压在稻田里，无法招架。国民党军一名值勤班长举起白旗投降，其他士兵也纷纷放下武器，此战前后不到两个小时，击毙国民党

军连长以下28人，伤敌22人，俘敌74人，仅3人逃脱。缴获轻机枪9挺，步枪、冲锋枪70余支，其他军用物资一批。人民武装牺牲3人，负伤2人。布辰岭伏击战是粤中军民反"清剿"斗争以来取得的最大胜利，粉碎了国民党军围困高鹤山区的计划，香港分局称赞它是1948年广东几个模范战例之一，是华南地区歼灭国防军、保安团和地方团队整一个连的一次"最为干净"的战斗。三罗和广阳地区的人民武装经过斗争，使该地区边界游击区也连成一片。

粤桂湘边工委副书记兼部队副政委钱兴

粤桂湘边区。国民党反动派纠集两个保安团和粤桂两省11个县的地方武装，对该区域进行"清剿"，粤桂湘边区人民武装在扶罗口伏击战中，击毙敌中队长以下12人，缴获了一批宋子文计划拨给广宁反动当局的武器。1948年11月，在国民党反动派调集2500余人分三路合围四雍根据地的"清剿"中，由于敌众我寡，曾担任过中山大学党支部书记、厦门市委书记、广西工委书记的粤桂湘边工委副书记兼部队副政委钱兴在突围中光荣牺牲，年仅38岁。他的牺牲是粤桂湘边人民武装的一大损失。经营三年之久的四雍根据地也被国民党军占领，直到1949年春，根据地才得到恢复和发展。连江支队连续对地方发动袭击，迫使国民党军收缩据点，打开了小北江斗争新局面。

粤桂边区。1948年7月9日深夜，人民武装各参战部队分头潜入湛江赤坎，10日凌晨2时，发起进攻。整个战斗只持续20多分钟，奇袭湛江取得胜利，两个银行被人民武装攻占，国民党中央通讯社琼湛工作站主任张辅森被击毙。袭击湛江是粤桂边人民武装一次重大的军事行动，是广东人民武装第一次胜利打入大城市，对全省各地人民武装是一次很大的鼓舞，具有重要历史意义。在袭击湛江的战斗中，人民武装纪律严明，保护了工商界和广大群众的利益，以实际行动宣传了党的城市政策。人民武装先发制人袭击湛江获得胜利，使国民党军准备集中大股兵力"扫荡"南路根据地的企图受到重大打击。这一战缴获港币2.5万元，国民党钞票3亿多元，一定程度上缓和了人民武装经济上的困难。胜利袭击湛江后，人民武装恢复化（县）吴（川）地区的行动进展顺利，原被摧毁的各级人民政权和群众组织也得到了恢复和重建。另外，十万大山、六万大山等新区也得到扩展。在粉碎第二期"清剿"中，国民党保安第十团团长陈一林在击毙

"粤桂南区清剿总指挥部"副总指挥兼第十"清剿"区司令张君嵩等高官后，率部起义，极大削弱了国民党在雷州半岛的兵力，动摇了国民党部队的军心。

1948年底至1949年1月，宋子文的第二期"清剿"终被粉碎。在这次反"清剿"期间，人民武装进行的较大战斗有63次，歼俘国民党军4600余人，缴获各式机枪113挺，长、短枪2287支。此外，还有较小的零星战斗1000次以上，歼俘6000余人。合计歼俘国民党兵力1万余人。各解放区进一步扩大，逐步形成了既互相联系又相对独立的战略单位，华南7个区都建立了主力部队，人数共4.59万余人。两期"清剿"的主帅宋子文也于1949年1月黯然去职，由余汉谋和薛岳分任广州绥靖公署（由广州行辕改称）主任和广东省政府主席。

（四）琼崖反"清剿"斗争

1. 国民党扬言半年消灭琼崖"共匪"

1946年10月，国民党广东当局派保安第一、第三、第四、第五4个保安总队到琼岛，委任广东省政府主席琼崖办公室主任兼第九行政区专员蔡劲军为保安司令。蔡劲军扬言半年内消灭琼崖"共匪"。当时，国民党当局在琼崖的兵力，共计1.5万人，琼崖纵队总兵力为4500人，人民武装在数量和装备上都处于劣势。

11月21日，中共中央指示琼崖特委和琼崖纵队要"积极行动，学会打大仗，消灭反动武装，扩大根据地，扩大武装部队……为占领整个琼崖并向南路发展的任务而斗争"。12月12日，中共琼崖特委在澄迈召开临委书记和支队领导干部联席会议，学习贯彻中共中央指示。会上，冯白驹作了《自卫战争的新形势和新任务》的报告。经过深入讨论，会议作出《琼崖的新形势与新任务》的决议，决议认为，琼崖地区今后的总任务是"积极准备反攻，发展全琼，夺取全琼，向南路发展，打通大陆，配合全国"。会议要求建立以白沙、保亭、乐东为中心的根据地，在军事上主动出击，大量杀伤敌人有生力量，大力开展群众工作。会议研究了对粉碎蔡劲军军事"清剿"的具体对策。

2. 琼崖纵队成功粉碎四期"清剿"

琼崖的反"清剿"斗争自1946年开始，先后经历了国民党四期"清剿"。1946年11月，蔡劲军以琼（山）文（昌）地区为重点发动第一期"清剿"，兵力为3000多人。琼崖各纵队按照特委既定方针，在民兵和人民群众密切配合下，寻找战机，主动出击，消灭敌人，壮大自己。1946年12月29

日，活动于白沙、儋县交界山区的第四支队，在牙（叉）南（丰）公路新溪填地段设伏，痛击国民党保安第二纵队一个加强营，虽然敌人后续部队两个连猛扑过来支援，但也被击溃。这次战斗，国民党军兵力双倍于人民武装，但是却被人民武装歼灭一个连，击溃全营，击毙88人，俘敌8人，缴获机枪4挺，枪榴弹筒4具，步枪40余支，子弹1.5万多发。周恩来于1947年1月6日亲自为中央军委草拟电文祝贺，贺电说："海南得此胜利，甚为欣慰，望传令该中队（大队）嘉奖。"由于琼崖纵队的坚决斗争，至1947年1月底，蔡劲军的第一期"清剿"宣告破产。在此期间，琼崖纵队共歼灭敌军750人，缴获机枪12挺，步枪300多支。

1947年2月，蔡劲军又开始了以万宁、定安两县之间的山区游击根据地为重点的第二期"清剿"计划。在反"清剿"斗争中，人民武装机动灵活，既集中又分散，重视相互配合和策应，共战斗200余次，击毙敌人970人，缴获轻机枪21挺，各种炮11门，掷弹筒8具，步枪875支，全部恢复了被敌人占据的根据地。这一次，蔡劲军不仅没有实现计划，琼崖纵队反而通过反"清剿"斗争，实际控制地区达到海南岛总面积的40%，五指山革命根据地初步形成。此后，人民武装由被动变为主动，从游击战发展为运动战。

1947年8月中旬，不甘失败的蔡劲军再一次向琼崖纵队发起进攻，进行所谓的"清剿新阶段"计划。这是蔡劲军的第三期"清剿"。这一期间，琼崖纵队各个支队成绩更为可喜。在8月、9月两个月中，歼灭国民党军600多人，解放了白沙县城和南丰、加来、东山等9个城镇，至12月，共歼敌近3000人，解放城镇据点30多个，实际控制了海南岛一半地区。蔡劲军的"清剿新阶段"计划又破产了，他也因"剿匪"不力被国民党当局撤职。

接替蔡劲军的是国民党元老、曾参加蒋介石20世纪30年代初对中央革命根据地实施过第三、第四、第五次"围剿"的韩汉英。经过几个月的策划，他调集兵力分东、西、北三路向琼崖纵队进攻，这是国民党当局对琼崖的第四期"清剿"。但是韩汉英同样重蹈前任蔡劲军的覆辙。从1948年1月至7月，琼崖纵队共歼敌1000余名，缴获轻机枪25挺，重机枪2挺，长、短枪446支，拔除据点30余座，解放保亭、乐东两县，白沙、保亭、乐东根据地连成一片，五指山地区全部成为解放区。韩汉英的"三个月清剿计划"也宣告失败了。更为重要的是，这次反"清剿"胜利后，国民党军在琼崖从攻势转为守势，军事主动权掌握在琼崖纵队手中，琼崖的形势发生了根本变化。

四 中共边区党委与边区纵队的建立

（一）华南边区党委与纵队组建

1. 七个边区党委

在粉碎国民党广东当局"清剿"的同时，为了适应日益发展的革命形势，加强党对武装斗争的领导，香港分局于1947年10月发出进一步加强党的建设工作的指示，要求尽快恢复尚未恢复的组织，建立新的基层组织，健全党的领导制度。12月18日，香港分局再次就发展党组织的问题作专门指示。香港分局对党的建设工作的高度重视，是广东各级党组织在反对国民党反动派"清剿"斗争中取得胜利的根本因素。从1947年到1948年8月，华南地区先后建立了7个边区党委。

粤赣湘边区党委。1948年春，香港分局决定成立中共粤赣湘边区委员会，鉴于该地区重要的战略地位，5月派香港分局副书记林平回到东江负责粤赣湘边区党委工作。1948年12月15日，粤赣湘边区党委正式成立，边区区委委员有林平、黄松坚、梁威林（后）、左洪涛、黄文俞、严尚民

（后），书记林平，副书记黄松坚、梁威林（后）。下辖湘南地委（书记刘亚球）、湘南工委（书记谷子元）、赣南工委（书记刘建华）、珠江三角洲工委（1949年3月改为地委，书记黄佳），湘南地委和湘南工委分别负责粤汉铁路以东和以西地区。边区党委领导五岭、九连、瀜江、（东）江南、

中共中央香港分局副书记兼粤赣湘边区党委书记尹林平

（东）江北、珠江三角洲（中山、南海、番禺、顺德、三水、花县）、赣南、湘南等地区和人民武装的党组织以及该地区的革命斗争。

闽粤赣边区党委。1948年6月，香港分局将闽粤赣边工委改为闽粤赣边区党委。一个较大变化是潮汕地委归其领导。1948年8月，在大埔县桃源乡召开的闽粤赣边区党委代表会议上正式成立闽粤赣边区党委，常委为魏金水、刘永生、朱曼平、林美南、王维为，委员有林映雪、卢明、张全福、曾广、黄维礼、范元辉、廖伟、张招娣、李平、陈文平、刘向东。党委书记魏金水，副书记朱曼平。下辖闽西地委（书记林映雪）、闽南地委（书记卢叨）、潮汕地委（书

记曾广）、韩东地委（书记黄维礼，后撤销）、梅州地委
（书记廖伟）。边区党委领导粤东、闽西南、赣东南等地区
和人民武装的党组织以及该地区的革命斗争。

粤桂边区党委。根据香港分局指示，1948年6月成立粤
桂边区党委，书记梁广，委员有梁广、冯燊、黄其江、温焯
华（后补任）。下辖高雷地委（书记温焯华，后为沈斌）、
粤桂边地委（书记黄其江）、十万山地委（书记陈明江）、
六万山地委（书记陈华）、高州地委（书记王国强）、桂中
南地委（书记杨烈）。边区党委领导南路、桂南、粤中等地
区和人民武装的党组织以及该地区的革命斗争（粤中区后划
出另行建制）。

琼崖区党委。根据中共中央决定，1947年5月召开的琼
崖第五次党代会决定将琼崖地委改为琼崖区党委，不同于别
的边区党委，琼崖区党委直接受中共中央领导。委员有冯白
驹、林李明、庄田、黄康、何浚、吴克之、李振亚、萧焕
辉、马白山、杨少民、陈乃石、史丹、符荣鼎，常委有冯白
驹、林李明、黄康、庄田、何浚、杨少民，书记冯白驹，副
书记林李明、何浚。下辖东区地委（书记先后为陈乃石、吴
克之、陈青山）、西区地委（书记先后为史丹、萧焕辉、符
哥洛、赵光炬）、北区地委（书记先后为黄康、陈石、符思

之）、边海区地委（书记符哥洛）、琼崖少数民族自治区工委（书记陈克文）。区党委领导海南各县和人民武装的党组织以及琼崖地区的革命斗争。

粤中区临时党委。为了加强对粤中地区武装斗争的领导，1948年6月，粤桂边区党委华南分委成立；11月改为粤中分委；1949年7月，又改为粤中区临时党委。委员有冯燊、谢创、吴有恒、欧初、郑锦波、谢永宽、唐章、周天行，常委有冯燊、谢创、吴有恒、欧初，书记冯燊。下辖中区地委（书记谢创，1949年7月撤销）、新高鹤地工委（后改为新高鹤地委，书记周天行）、滨海地工委（书记谢永宽）、广阳地委（书记郑锦波）、三罗地委（书记唐章）。临时党委领导新高鹤（高明、新会、鹤山、开平）、新恩阳（新兴、恩平、阳春、阳江）、滨海（台山、赤溪）、三罗（罗定、云浮、郁南）等地区和人民武装的党组织以及该地区的革命斗争。

粤桂湘边区工委（即"西江工委"）。1947年7月，粤桂湘边区工委成立，书记梁嘉，副书记钱兴（1948年11月牺牲），委员有李殷丹、王炎光、周明。边区工委下辖连江地委（书记周明）、绥江地委（书记叶向荣）、桂东工委（负责人吴赞之）、粤湘边临时工委（1949年3月至10月，书记

周明）、桂东地工委（1949年6月至8月，书记黄传林）。边区工委领导西江、桂东、湘南等地区和人民武装的党组织以及该地区的革命斗争。

滇桂黔边区党委。1947年11月，粤桂边工委改为桂滇边工委，书记周楠。1949年7月，根据中共中央指示，桂滇边工委与云南省工委合并，成立滇桂黔边区党委，书记林李明，副书记周楠、郑伯克，执委为林李明、周楠、郑伯克、庄田、朱家璧等。下辖云南、广西、贵州三省边区党组织。边区党委领导广西、云南、贵州边界地区和人民武装的党组织以及该地区的革命斗争。

为了加强对城市的党的工作领导，香港分局下设的城市工作委员会也建立了相应组织，下辖广州地区党组织（特派员钟明）、香港市委（书记黄施民）、湛江市党组织（特派员李国霖）、桂柳区工委（书记陈枫）。在香港分局的领导下，广东省境内总共成立了20多个地委、近百个县委和县工委，党员发展到3万多人。

2. 七支游击纵队

经过反"清剿"斗争，华南各地游击队均有很大发展，截至1948年年底，华南人民武装发展近4.6万人，拥有各式机枪、长短枪、六〇炮、迫击炮等武器装备。为了大力发展

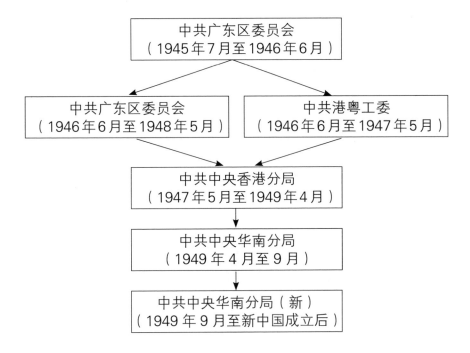

解放战争时期广东（华南）党组织领导机关演变示意图

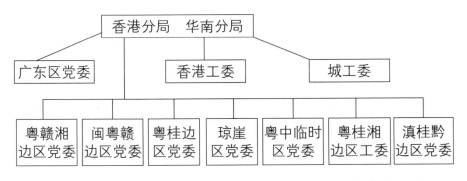

解放战争时期香港分局、华南分局下辖组织示意图

华南游击战争，使人民武装向正规化方向发展，更好配合南下野战军作战，解放广东、华南，经中共中央同意，华南各地游击队分两批按照中国人民解放军建制先后成立了6个纵队。第一批的粤赣湘边纵队、闽粤赣边纵队、桂滇黔边纵队于1949年1月成立，第二批的粤桂边纵队、粤中纵队、粤桂湘边纵队于1949年8月成立。

中国人民解放军粤赣湘边纵队。司令员兼政委林平，副司令员黄松坚，政治部主任左洪涛。后增补梁威林为副政委，严尚民为参谋长。后左洪涛他调，由魏南金代政治部主任。纵队下辖粤赣湘边纵队东江第一支队（原江南支队）、粤赣湘边纵队东江第二支队（原粤赣边支队）、粤赣湘边纵队东江第三支队（原江北支队）、粤赣湘边纵队北江第一支队（原北江支队）、粤赣湘边纵队北江第二支队（原粤赣湘边人民解放总队）、粤赣湘边纵队赣南支队、粤赣

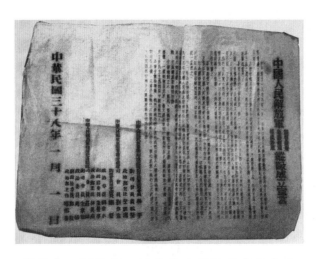

粤赣湘、闽粤赣、桂滇黔边区纵队成立宣言

湘边纵队湘南支队、独立团（原珠江三角洲部队）。纵队共辖7个支队、1个游击司令部、5个主力团、3个独立团。1949年11月，纵队发展到3.8万人。

中国人民解放军闽粤赣边纵队。司令员刘永生，政委魏金水，副司令员兼参谋长铁坚，副政委朱曼平，政治部主任林美南。纵队下辖：闽粤赣边纵队第一支队（原粤东支队）、闽粤赣边纵队第二支队（原潮汕支队）、闽粤赣边纵队第四支队（原韩东支队）、闽粤赣边纵队第七支队（原闽西支队）、闽粤赣边纵队第八支队（原闽南支队）。同时加强主力建设，成立闽粤赣边纵队直属第一、第五、第七3个执行机动作战任务直属团。起义的傅柏翠、练惕生部编为闽西义勇军司令部，在赣南寻邬建立了龙图游击队。1949年9月，纵队发展近3万人。

中国人民解放军桂滇黔边纵队。司令员庄田，政委周楠，副司令员朱家璧，副政委郑敦，政治部主任杨德华。下辖各支队由原桂滇边部队、云南人民讨蒋自救军第一纵队、广西左江指挥部、桂西人民解放军司令部以及云南的开广区、弥泸区、罗盘区等游击部队改编而成。1949年8月，纵队整编，司令员和副司令员仍为庄田、朱家璧，政委由林李明接任，副政委郑伯克、郑敦，参谋长黄景文，政治部主任

由张子斋接任，下辖12个支队、2个独立团。纵队3万余人。

中国人民解放军粤桂边纵队。司令员兼政委梁广，副司令员唐才猷，参谋长杨应斌，政治部主任温焯华。纵队下辖第一、第二、第三、第四、第五、第六等6个支队，共1.3万多人。后又组建第七、第八支队。至1949年冬，纵队2.5万多人。

中国人民解放军粤中纵队。司令员吴有恒，政委冯燊，副司令员欧初，副政委兼政治部主任谢创。纵队下辖粤中纵队第二支队（原广阳支队）、粤中纵队第四支队（原三罗支队）、粤中纵队第六支队（原新高鹤人民解放军总队）、粤中纵队滨海总队（原粤中人民解放军滨海总队）、独立第一团（原粤中人民解放军独立第一团）、粤中纵队新会独立团。纵队1.1万人。

中国人民解放军粤桂湘边纵队。1949年7月23日，粤桂湘边工委就建立粤桂湘边部队"总部"问题向华南分局作了报告。部队指挥员兼政委梁嘉，政治部主任王炎光，参谋处主任林枫。下辖连江支队、绥贺支队、独立团等部。纵队1万余人。由于该部队成立总部的报告上送前，华南分局已迁至粤东解放区，以及解放战争形势迅猛发展等原因，未接到华南分局批复。1993年6月，中国人民解放军总参谋部就原粤桂湘边纵队名称问题批示：鉴于解放战争时期的粤桂湘边部队在内部成立了类似纵队相关的领导机构，并在实际工作和斗争中采用了"粤桂湘边纵"番号的实际情况，本着尊重历史，尊重事实的原则，经军委批准，在编纂华南地区党史、军战史时，可以称该部为"中国人民解放军粤桂湘边纵队"。

中国人民解放军琼崖纵队早于以上6支纵队成立。根据中共中央军委命令，1947年10月，琼崖游击队独立纵队改称中国人民解放军琼崖纵队，司令员兼政委冯白驹，副司令员李振亚、吴克之，副政委兼政治部主任黄康，参谋长马白山。下辖第一、第三、第五总队和一个独立支队，兵力8000余人。至1949年7月发展至1.5万余人。

连同琼崖纵队，在华南地区共成立了7支解放军地方游击纵队。另外，1947年8月，在山东解放区以原北撤的东江纵队为基础成立了两广纵队，司令员曾生，政委雷经天，副政委林锵云，政治部主任杨康华，政治部副主任刘田夫，参谋长姜茂生。

两广纵队司令员曾生

该纵队隶属华东野战军建制，1949年3月转隶中国人民解放军第四野战军。

华南各游击纵队的建立，具有重大意义，显示了华南人民武装力量的快速发展和壮大，对解放广东、华南发挥了重要作用。

（二）1949年的春季攻势

1. 国民党败局已定

从1948年9月至1949年1月，中国人民解放军先后进行了举世震惊的辽沈、淮海、平津三大战役，国民党军队主力基本被消灭，国民党蒋介石集团失败已成定局。1949年2月，国民党中央党部和南京国民政府行政院先后迁至广州，国民党当局妄图依托广东作为基地，维持其统治。薛岳、余汉谋分别接任广东省政府主席和广州绥靖公署主任后，制定"肃清粤境匪患"计划，集中国民党政府保安部队26个团，向广东各解放区和人民武装发动进攻。

根据中共中央"一九四九年是南方游击战争和游击根据地大发展的一年"指示和香港分局"全面发展，重点巩固"的方针，在1949年春天，华南人民武装对国民党军队展开了强大攻势。

2. 各纵队春季攻势

琼崖纵队。1949年2月，琼崖区党委和琼崖纵队总部在白沙县的毛栈召开会议，制定春季作战计划，将主攻方向定在敌人力量薄弱的琼西，决定以纵队主力第一总队、第三总队、第五总队共6个团投入战斗，琼崖纵队副司令员吴克之任前线总指挥兼政委。会议结束后，琼崖区党委向各地发出指示，提出"一切为了前线"的口号，号召军民团结，夺取胜利。3月8日，人民武装拔除里万、好保两个敌人据点。接着挥师西进，发起海岸岭战斗，毙伤俘敌150余人。3月19日占领新洲镇儋州县政府大院、新英港。4月初取得南辰战斗胜利，4月19日解放石碌、宝桥，国民党白沙县县长赵克刚率部投降。在4月22日攻击报板的战斗中，共歼敌副团长莫谦贞以下官兵300余名，敌营长龙礼昌投诚。在昌感大片地区获得解放后，6月4日又解放了崖县九所镇。九所的解放，宣告琼崖纵队春季攻势结束。琼崖纵队的春季攻势共歼敌2296名，缴获迫击炮7门，掷弹筒、枪榴弹筒53具，重机枪6挺，轻机枪116挺，冲锋枪6支，步枪1784支，短枪104支，各式子弹14万多发。解放了新州、昌化、感恩三座县城和包括石碌矿山、广坝电站在内的20个圩镇，攻占和逼敌逃离据点87个，进一步巩固和扩大了解放区。在这次春季攻势中，

纵队政治部组织部部长吴文龙，第一总队政治部主任林天生，团长肖焕耀、张博飞，团政委赵履科，团政治处主任冯子明等壮烈牺牲。

粤赣湘边纵队。纵队春季攻势于1949年元旦首先在江南地区打响，该区域作战的主要是东江第一支队，同时东江第二支队第四团予以配合。他们在各地袭击敌人，生俘国民党宝安县县长陈仕英，首次攻打敌人设防坚固的县城东海镇，击毙五华县自卫总队队长李端模等。经过几个月的战斗，不仅巩固了惠东宝游击根据地，而且开辟了惠阳河东区及稔平半岛新区，解放了陆丰北部重镇河田和紫金、五华大部分乡村，从而沟通了九连地区与江南地区之间的联系，海陆惠紫五边战略基地初步形成。在东江北线，该区域作战的主要是东江第二支队，同时还有东江第三支队和北江第一支队各一部，兵分三路，第一路解放了新丰、河源两县边境广大乡村，打通了九连、滃江与北江的联系；第二路先后拔除敌据点20余处，使九连、新丰与滃江、英德、佛冈边境完全打通；第三路解放青州、热水，攻克粤赣边境重镇岑岗，策应车田联防队60余人起义。东江北线夺取中小据点40余处，解放了近百万人口的广大农村，从而扩大了新连河龙边战略基地。在江北地区，该区域作战的主要是东江第三支队，1949

年3月在博罗公庄的上坪取得大捷，俘敌营长以下180人，彻底粉碎了国民党对江北的进攻，之后策动博罗县警大队、东江护航大队、龙门县自卫总队等部起义，击溃清远县警队，解放了博罗横河、麻榨等地，为建立以罗浮山为中心的解放广州的前进阵地打下了基础。在五岭地区，该区域作战的主要是北江第二支队，经过一系列战斗，始兴、南雄平原乡村大部解放，策动敌第三十九军属下一个连长率兵28人起义。粤赣湘边纵队春季攻势先后解放龙川、和平、五华、紫金、连平、新丰等6座县城，共歼敌3000余人，缴获六〇炮、八二迫击炮9门，掷弹筒9个，轻、重机枪43挺，长、短枪1500多支，电台2部，海、陆、惠、紫、五和新、连、河、龙边两个战略基地初步形成。

闽粤赣边纵队。纵队春季攻势的第一仗是纵队直属第一团胜利占领湖寮镇。该镇是大埔县重镇，是国民党上将、原广东省政府主席罗卓英等数十名国民党军政要员的家乡，这里除了警察所之外，还有3个中队组成的自卫大队，装备精良，地势险要，是有名的反动堡垒。1949年1月10日，在纵队总部的指挥下，直属第一团发动突然袭击，歼灭第二中队，经策反，逃跑的两个中队后在新任大队长带领下起义。湖寮战斗的胜利，不仅鼓舞了士气，而且使

敌人军心动摇，在粤东、闽西的不少据点之敌因害怕人民武装而撤回城镇。纵队司令部又率第一团于3月11日突袭国民党梅县南部最大的据点畲坑镇，攻下国民党第六"清剿"区第二指挥所、畲坑镇公所、警察所等，后又攻下长沙、扶大、金盘等据点，争取水白自卫中队起义。纵队第一支队于2月12日在宝坑战斗中歼灭国民党保安第一营主力第一连，敌人大为震惊，该营其他3个连慌忙撤往松口。第一支队拔除了敌人在根据地外围的大部分据点，为解放兴梅地区创造了条件。第二支队以主要力量向练江、榕江平原地区的敌人发动进攻，拔除根据地外围的据点，并以一部分力量北上揭（阳）陆（丰）华（五华）边开辟新区，于2月攻占封建势力强大的丰顺县埔子寨据点，成立潮汕地区第一个军事管制委员会（简称"军管会"）。第四支队于1月26日解放饶平县凤凰镇，使凤凰山根据地连成一片，袭击距潮安县城12公里的文祠，并于3月间打退了敌对凤凰根据地的两次围攻。边区纵队在春季攻势中，共作战120多次，歼敌近千人，缴枪近3000支，解放乡镇30多个，游击根据地进一步扩大，其中一部分已发展成解放区，成立了边区人民政府或军管会。

粤中纵队。1949年1月，粤中分委、军分委决定建立主力独一团，挺进国民党兵力空虚的三罗地区，2月13日解放罗定重镇罗镜。罗镜是蔡廷锴的家乡，蔡廷锴于1949年1月以民主促进会首席代表身份，应中共中央邀请到北平出席新政协筹备委员会和政协第一届全体会议，之前，他曾动员乡亲、旧部与共产党合作。因此，在罗镜，粤中纵队得到蔡家收藏的武器，重机枪2挺，轻机枪6挺，步枪80余支，驳壳枪18支，手榴弹4000多颗，子弹5万余发等，部队装备得到大大加强，不少青年、包括第十九路军旧部都要求参军，随即扩编为粤中纵队的两个团。后经过连州战斗，打破敌人对粤中的"清剿"，动摇了国民党对三罗地区的统治。至3月中旬，拔除三罗境内38个乡保政权。在广阳地区，广阳支队在1月至5月期间，发动进攻30多次，拔除敌据点20多处，国民党300多名军政人员起义。在滨海地区，粤中人民解放军滨海总队仅5月3日至6日4天就四战四捷，形成以大隆洞为中心的游击根据地，5月25日在深井宣告成立台山县人民政府。在新高鹤地区，新高鹤纵队不仅使杨梅老区得以解围，而且解放了鹤山境内的宅梧、鹤城两座重镇，形成以宅梧为中心的新高鹤山区根据地，并开辟了西江南岸游击区，控制了白土平原。

粤桂边纵队。部队主攻方向是海康、徐闻地区。1949年1月12日，第二支队新编第八团远道奔袭徐闻县曲界圩，取

得胜利，周围的国民党驻军闻风而逃，区乡政权纷纷瓦解。第八团一路势如破竹，扫荡国民党地方武装，负责配合南下的新编第四团攻占了湛江市太平圩、遂溪县河头北坡圩。不幸的是，在攻打北坡乡公所时，新编第四团团长叶宗玙英勇牺牲。尽管敌人增兵一个团，但是人民武装仍然先后攻克了海康东区最顽固的东坡内屈村据点、海康县西南的乌石据点，海康县联防主任、自卫队大队长苏圻等被俘。新编第八团在南下海徐的3个月中，摧毁16个乡政权，控制25个圩镇，还在回师遂溪洋青时，歼灭敌第六十二军第一五三师一个500多人的加强营。后梁广带领3个主力团再次南下海徐。这两次南下，解放37个圩镇，并于1949年2月成立雷州行政督导处，遂溪、海康、徐闻三县区乡普遍建立人民政权。在粤桂南区，第一支队新编第三团攻下28个据点，歼敌千余人；在十万大山地区，仅钦防两地部队就歼敌500多人，解放防城、东江之外的全部防城县境及钦县大部分地区；在六万大山地区，使横（县）南、灵（山）西北、灵（山）西南游击区连成一片；在茂名电白、信宜地区，形成了以云开山为中心的游击根据地；在桂中南地区，形成了以镇龙山为中心的横县、宾阳、永淳、上林、贵县、武宣、来宾、迁江游击区。

　　粤桂湘边部队。1949年1月，策动国民党英德县九龙乡乡长罗佛金起义，将该乡金造村变为游击队开展活动的一个基地，在2月至3月期间，三次打退国民党军队的进攻。在罗汉塘的战斗中，击退了国民党阳山县县长李谨彪率保警部队400余人的进攻，保卫了老区，但中共粤桂湘边工委委员、连江支队司令员冯光英勇牺牲。绥贺支队控制了西江上游从南江口至禄步近百里航道，将西江两岸游击区连成一片。粤桂湘边纵队独立团、连江支队英清阳边人民解放大队和清远附城中队，在林洞乡八田顶战斗七天七夜，打退国民党广宁县县长古绍辙率领的近2000人的进攻，不仅恢复扩大了原有根据地，而且打通了广宁、四会、清远交通线。在春季攻势中，边区部队巩固了连县、阳山、英德、清远、德庆等根据地，恢复了广宁根据地，开辟了新的游击区，为挺进湘南打下了基础。

（三）华南解放基地的建立

1. 形成解放华南总基地

　　三大战役后，中国人民解放军又发起了渡江战役，1949年4月23日，占领南京国民政府所在地南京，然后相继解放杭州、武汉。5月27日，解放全国最大城市——上海。人民

解放军兵锋直指华南。由此，华南人民武装进入了前所未有的新阶段，即进一步发展游击战争，扩大游击区和根据地，建立华南解放的基地，迎接南下大军，解放华南地区。1949年1月，香港分局指示各地"依照各个战略单位展开有战略意义的地区并连成一片（如闽粤赣边与粤赣湘边之海陆惠紫五兴丰，如十万大山与六万大山）"。3月，又指示打通自韩江以西、惠阳以东、海陆丰以北至赣南的地区，使其连成一片。5月7日，中共中央华南分局（简称"华南分局"）发出《对大军渡江后华南工作的布置》指出，"在大军未到之前，我们必须将农村完全解放，控制在我们手内"，使野战军到后可以集中力量解放城市、追歼残敌，要求各区要完成将根据地"打成一片"的战略部署，粤赣湘边纵队与闽粤赣边纵队必须协同作战，把东江、韩江根据地连成一片，形成解放华南的总基地。

经过1949年的春季攻势，粤赣湘边和闽粤赣边的根据地都得到巩固和扩大，打通东江、韩江两个根据地，使之连成一片，已经成为可能。

（1）五云洞会议。

1949年4月1日至9日，粤赣湘边区党委与闽粤赣边区党委在陆丰河田五云洞（今属陆河县），召开联席会议。参加会

议的粤赣湘边区党委代表有林平、左洪涛、黄文俞，闽粤赣
边区党委代表有林美南、铁坚、刘向东。会议由香港分局副
书记、粤赣湘边区党委书记林平主持。会议认真讨论研究了
两大纵队协同作战，打通东江、韩江两个根据地，建立粤汉
铁路以东大块根据地等重大问题，作出了《关于配合作战问
题的决定》。该决定要求闽粤赣边纵队首先经营好兴宁五华
丰顺梅县边地区，以沟通潮梅的联系，再向西发展；粤赣湘
边纵队继续巩固海丰陆丰惠阳紫金五华和新丰连平河源龙川
边基地，开辟紫金、陆丰北地区。《关于配合作战问题的决
定》对两个边区配合作战指挥、沟通联系、开辟新区、接管
城市等问题作了具体规定。

（2）潮普惠南战役。

1949年4月14日，闽粤赣边纵队副司令员铁坚回到纵
队，传达了五云洞会议精神，纵队党委决定发起潮普惠南
（即潮阳县、普宁县、惠来县、南山管理局管辖的地区）平
原战役。4月18日，纵队司令部在河婆召开军事会议，进一
步研究作战计划。会议决定分两个阶段进行，第一阶段集中
力量消灭易于突破、便于发展、影响较大的南线鲤湖至惠来
之敌，第二阶段消灭北线的棉湖、汤坑、丰良之敌。

4月27日，闽粤赣边纵队第二支队一部进攻敌人靠近解

放区的主要据点鲤湖，拉开了潮普惠南战役的序幕。两天之内，打败了驻鲤湖的300余名敌兵，阻击增援的流沙之敌250多人，攻下鲤湖所有据点。战斗的胜利，震动了周围的敌人，棉湖之敌害怕被歼，逃回揭阳县城。人民武装乘胜进驻棉湖、葵潭、流沙。5月8日，纵队解放国民党南山管理局所在地两英，敌人大部分投降，局长林达被擒。5月20日，已经被孤立的国民党惠来县县长兼自卫队长邹英率兵投诚，惠来被解放。5月22日，攻占潮梅陆路交通线上的重镇汤坑，驻敌被俘或投降。5月26日解放丰良。潮普惠南战役宣告结束。此役历时一个月，解放南山管理局所在地两英和惠来、丰顺两座县城，鲤湖等8个乡镇，歼敌1400多人，缴获迫击炮和机关炮各1门，轻、重机枪23挺，长、短枪1500多支。这一战役使潮汕与梅州解放区及闽粤赣边区连成一片。5月22日，纵队第一支队一部解放平远县城。

（3）解放老隆等城镇战斗。

老隆是国民党反动派在东江上游防御体系的要害部位，敌保安第四师副师长彭健龙率直属队及保安第五团一个营约700人驻守此处，老隆周边还有如下兵力：敌保安第五团另3个营，保安第四师副师长兼保安第五团团长列应佳率领的直属营，龙川县自卫队总部，敌第一九六师，保安第一团第一营。粤赣湘边纵队根据敌情作出围城打援、各个击破的作战部署。1949年5月14日，东江第二支队一部及起义的保安第十三团包围老隆，彭健龙期望外地之敌增援，但纵队另一部分已先后在乌石坝打败列应佳、在蓝口打败第一九六师的增援。5月16日，彭健龙率部投降，老隆解放。老隆解放后，人民武装乘胜追击，向九连发动全面进攻，接连解放几座县城和大片乡村。同时，北江第一支队、东江第二支队一部在佛冈、新丰、连平地区发起强大攻势。从4月五云洞会议至6月22日解放连平县城，粤赣湘边纵队解放县城5座，重镇10余个，新丰、连平、和平、龙川、五华全境及河源大部分地区宣告解放，解放区人口达134万人。据不完全统计，共歼敌2360多人，其中毙敌300余人，俘敌副师长以下2000余人，缴获迫击炮6门，轻、重机枪33挺，长、短枪2320余支，子弹12万发，掷弹筒37具，电台2部，吉普车1辆，人民武装装备大为加强。

2. 策动国民党官兵起义

随着全国解放形势的胜利发展，经过中共党组织和人民武装策动，粤东不少国民党官兵相继起义。

（1）保安第十三团起义。

国民党保安第十三团共3000多人，全副美式装备，属甲种精良装备，团长曾天节在大革命时期曾参加过共产党。1948年10月进犯河源以来，屡次失败，士气低落。为争取该团起义，香港分局曾做过曾天节的工作，曾天节也通过爱国民主人士肖文、魏鉴贤和香港分局秘书长饶彰风转达了投向人民的意向。1949年1月31日，保安第十三团与粤赣湘边纵队进行第一次谈判，商定东江第二支队派刘坚进入第十三团，协助进行起义准备工作。在3月进行的第二次谈判中，商讨了起义及改编具体问题。由于国民党广东省保安司令薛岳有所察觉，限令曾天节部到东莞驻防。第十三团与我方紧急进行第三次谈判，5月14日，保安第十三团正式宣布起义，被编为粤赣湘边纵队第四支队，司令员曾天节，政委郑群。当天在东江第二支队配合下解放龙川县城陀城，后又参加解放老隆的战斗。

（2）其他部队起义。

在粤赣湘边纵队策动国民党保安第十三团起义的同时，闽粤赣边纵队根据香港分局指示，策动了驻梅州的广东保安独立第一营、保安第十二团、第九专署的起义。

1949年3月10日，闽粤赣边纵队司令员刘永生、政委魏金水曾致信保安第十二团，劝其起义，然该团迟疑不决。

纵队遂决定从军事上推动敌军起义。5月14日，纵队攻占大埔，解放全县。保安独立第一营营长蓝举比较积极，5月14日在蕉岭宣布起义，配合闽粤赣边纵队解放蕉岭县城，该营起义后，被编为纵队第一支队暂编第三团，团长蓝举，政委李国瑶。大埔、蕉岭相继解放，保安第十二团感到日暮途穷，团长魏汉新这才决心带着部队到梅城，与国民党梅县县长张君燮一起于5月17日宣布起义，被编为纵队暂编第三支队，司令员魏汉新，政委陈柏麟，政治部主任陈庆。

1949年4月，爱国民主人士李洁之被国民党广东省政府委任为第九区行政督察（闽粤赣边)专员兼保安司令。此前他曾三次与香港分局商谈起义问题，香港分局书记方方接见了他，并派一名中共党员做他的秘书。在魏汉新宣布起义的第二天5月18日，李洁之在兴宁宣布起义。这次起义使粤东、闽西两区16个县连成一片，粉碎了蒋介石残部在赣州、长汀间固守的计划。

与此同时，福建保安第四团、第七区专署（龙岩）在闽西上杭县举行起义。这些起义部队，在解放粤东、闽西地区的战斗中发挥了重要作用。

6月24日，毛泽东以中央军委的名义，将中共中央华南分局（1949年4月8日，经中共中央批准，香港分局改为华南分局）6月12日关于东江、韩江战绩电文批转各野战军首长："五、六月粤东、闽西胜利极大，请将华南分局已文电转告所属，以励士气。"同一天，毛泽东又以中共中央名义复电华南分局，对粤赣湘边纵队和闽粤赣边纵队取得的重大胜利表示祝贺，要求巩固胜利，迎接第四野战军的到来。

3. 迎接解放军南下部队

闽粤赣边纵队、粤赣湘边纵队的协同作战和国民党官兵起义，从根本上改变了该地区敌我双方力量对比，实现了将东江、韩江连成一片的任务，两区解放人口达400余万人，基本形成了解放华南的战略总基地，为接应南下野战军做了准备。

（1）其他纵队积极进攻。

随着人民解放军胜利南进，粤桂边区党委预估国民党"华中军政长官"白崇禧的部队，可能会逃至粤桂边区的钦廉四属（合浦、灵山、钦县、防城）和雷州半岛，并通过这里逃至海南。粤桂边区党委为了将高雷地区与六万大山、十万大山连成一片，党委调动活跃于雷州半岛和廉、化、吴地区的第六支队，战斗在十万大山的第三支队和六万大山的第四支队，共8个团和1个营的兵力6000余人，在1949年7月至9月间，在钦廉四属联合展开打通粤桂边区"走廊"的战斗。这次战斗歼敌1074人，缴获各种武器644件，实现了把根据地连成一片、掌握出海口岸、防止敌人南逃的目标，对后来配合野战军解放粤桂两省具有重要意义。

粤中纵队也于同时频频出击，消灭区内大部分地方反动武装，使解放区连成一片，人口达250万人。粤桂湘边部队从1949年5月开始，由山区向平原进击，到9月底，控制路西，把山区与平原游击根据地连成一片，主力挺进湘南。

（2）组建支队向北挺进。

为了做好迎接野战军南下的准备，1949年5月，粤赣湘边纵队赣南支队和湘南支队成立。赣南支队司令员兼政委刘建华，副司令员戴耀，副政委金阳，政治部主任云昌遇，支队共500余人。湘南支队司令员兼政委刘亚球，副司令员李林，副政委李同文，政治部主任金阳（后为唐麟），共1400余人。

赣南支队以"多打胜仗，迎接大军，解放赣南"为战斗口号，主动向敌人出击，由山区转战平原，巩固扩大根据地。经过战斗，控制了除江西虔南县城和少数大圩镇以外的整个农村地区。同时对敌人展开政治攻势，争取了大庾县参议员罗景福率江西省民众自卫军第四师第三团第三、第四连及崇庾边区自卫大队等200余人起义，后又策动江西省民众

自卫军第四、第五团和新编第二十三、第七十军残部以及信丰县军政官员1700余人投诚。赣南支队还有力滞缓了敌军南逃的步伐，在阻击南逃敌军时，毙伤敌第六十三军团长以下官兵300余人。后与北江第二支队、北江第一支队和东江第二支队配合野战军，在8月中旬，解放赣南全境，胜利完成了接应野战军解放赣南的任务。

1949年6月，中共五岭地委派出的北上先遣队解放桂东县城。6月25日，北江第二支队一部配合湘南支队解放湖南汝城。在汝城下湾村，人民武装展开强大的军事、政治攻势，逼迫敌"粤赣湘边区剿匪总指挥部"副总指挥胡凤璋率兵投降。8月13日，湘南支队一部在遂川与人民解放军第二野战军第四兵团第十四军一部会师。湘南支队、北上先遣队与粤赣湘边区人民解放军湘南游击司令部（6月20日成立）一起开辟湘南根据地，消灭和收编敌军3597人。

粤赣湘边纵队转战赣南、湘南的武装，为解放赣南、湘南并接应野战军进入广东作战作出了重大贡献。南下第二野战军第四兵团对北江第二支队、赣南支队、湘南支队的贡献进行了赞扬和充分肯定。

（3）有序开展政权建设。

在解放战争初期，广东处于自卫斗争和武装斗争恢复初期，尚未建立巩固的根据地，"不适合建立形式鲜明的民主政权，而适合造成隐蔽形式的两面政权"。随着武装斗争的发展，香港分局在1948年的"二月指示"中曾提出"即应发动群众组织民主政府"。在野战军进粤之前，广东省境内大部分农村已经解放，解放区人口占全省总人口的40%以上，全省三分之一以上的地区，建立了人民民主政权，建立了民兵和农民协会组织。渡江战役结束后，中共中央于1949年5月29日指示广东，在已占领的地区内，如已站稳，可建立行政公署，委派各县县长，逐步组织区乡政府，开始征集粮税以解决财粮问题，同时要注意工商政策及华侨政策。华南分局根据中共中央的指示精神，为迎接南下大军，做了各方面准备工作。

1949年4月和5月，两个群众组织——华南青年联合会筹备委员会、华南民主妇女联合会筹备委员会相继在香港召开，陈恩、余慧分别任主任。此后，各地人民政权陆续建立。

1945年9月，抗战结束后，琼崖东北区抗日民主政府改为琼崖民主政府；在解放战争开始后，该政权继续存在；1949年7月13日，琼崖民主政府改称琼崖临时人民政府，主

席冯白驹，副主席何浚。下辖东区、南区、西区、北区、边海区专员公署及琼崖少数民族自治区行政委员会。7月28日，潮梅人民临时行政委员会成立，主任林美南，副主任李洁之、黄声，委员有魏鉴贤、杨世瑞、罗明、廖伟、黄维礼、方东平、陈明等，下辖潮汕、兴梅所属17个县市，人口共300余万人。同时，东江人民行政委员会宣告成立，主任谭天度（广东省最早的一批共产党员之一，抗战时期曾任东宝行政督导处主任），副主任叶锋，下辖3个行政督导处（共16个县）及兴宁县部分地区，人口300余万人。9月18日，北江人民临时行政委员会成立，主任黄松坚，副主任黄桐华、张尚琼。中共中央已经批准成立粤桂边区临时行政委员会（主任梁广）、粤中地区临时行政委员会（主任冯燊），因华南解放进程十分迅猛，两地政权未来得及成立。

各地人民政权建立后，积极开展经济建设，实行合理负担的财政政策，边区群众踊跃认购边区政府发行的公粮债券，为解决边区财政困难、支援南下大军作出了重要贡献。边区政府发行货币，建立银行。1949年7月8日，华南分局在河婆镇设立南方人民银行总管理处，设立潮汕、东江、梅州3个分行。边区保护工商业，发展合作社，减租减息，赈灾救荒，开展生产运动，同时成立运输、担架、侦察、宣传、慰劳等工作队或工作组，随时准备为配合野战军和地方纵队解放全广东作出贡献。

为储备建设急需的干部，各边区开办了干部学校、军政学校、教导队、青年干训班等，如东江公学、北江干部学校、琼崖公学、韩江干校、梅州公学、潮汕干部学校、南路青年干训班等。至1949年8、9月间，广东全省已准备县团级、地（师）级干部1500人左右。华南分局还从潮汕、东江和梅州3个公学抽调600名学员，另招收5000名初中以上学生，培训后使之成为各项工作的干部。为加速根据地经济建设为给新中国培养财经干部，广东区党委、香港分局曾在香港举办达德学院（董事长为著名爱国人士李济深），设立经济系，开设金融、贸易等课程。1948年又筹办建中工商学校，开设工商管理、会计、统计、银行、财政及政治经济学等课程。虽然这两所学校存在时间都不长，但培养出来的2000多名财经干部，在解放粤东、接管大中城市工作中起到了重要作用。1949年7月，华南文化工作团成立，下设5个工作大队，为新中国培养了一批文化工作干部。后来，华南分局还成立了华南工作团和教导营，集中培训准备接管广州的干部达3000多人。

为顺利接收南方大城市广州，广州的地下党组织加强了调研工作，并在香港集中一批干部对广州的市政、产业、教育等各方面情况进行专门研究，整理成资料。同时，在香港准备了一批回内地参与接管的干部，另计划从各边区抽调1000名区乡级干部，调入广州工作。

五 赣州会议与广东的解放

（一）华南分局建立与赣州会议召开

1. 建立华南分局

1949年4月渡江战役以来，苏南、皖南、浙江、江西、湖北、福建等省广大地区得到解放，人民解放军相继占领长沙、赣州、福州等城市，野战军急速南下，直指广东。广东的人民武装为迎接南下大军，已做好充分准备。然而，大军南下解放广东，也有一些不利条件，蒋介石自1949年7月以后多次召集国民党在粤高级官员、将领讨论部署保卫广州的计划，"中华民国代总统"李宗仁也于8月23日召集会议，讨论固守广州问题。此时，在广东省境内，有国民党正规军第二十一、第十三、第十二兵团及第三十九、第六十二、第六十三、第六十四、第一〇九军共12.5万人；另有空军第一军、海军第四军、5个保安师、5个纵队等4万余人。白崇禧集团和余汉谋集团为了阻止解放军南下，沿宝庆、衡阳、曲江一线组成"湘粤联合防线"，在广东省内，华南军政长官公署（原广州绥靖公署）司令长官余汉谋部署了形成纵深体系的三道防线。

1949年4月8日，经中共中央批准，中共中央香港分局改称为中共中央华南分局，委员为方方、林平、梁广、冯白驹、冯燊、魏金水、林李明，候补委员为周楠、庄田，书记方方，副书记林平。随着华南游击战争大发展，6月28日，华南分局迁至粤东解放区。

为了加强中共中央华南分局的领导，加速华南地区的解放进程，中共中央决定派时任北平市长的叶剑英主持华南工作。1949年8月1日，中共中央任命叶剑英为华南分局第一书记，华东军区副司令员张云逸为第二书记，方方为第三书记。华南分局隶属中共中央华中局，领导广东、广西两省和香港工委。中共中央同时指示，广西成立以张云逸为书记的省委，广东不成立省委，下设汕头、兴梅、西江、东江、北江、南路、中区等几个地委，受华南分局直接领导，原受华南分局领导的各省党组织及武装力量归各省省委及军区领导。

中共中央华南分局第一书记叶剑英

叶剑英于9月3日抵达江西

赣州。9月6日，方方率华南分局机关自梅县的桃源到达赣州，与叶剑英会合。中央军委对他们聚会赣州十分欣慰，9月8日特致电叶剑英、方方、陈赓、邓华，并指出"方方等同志领导的华南分局及华南各地党委和人民武装有很大的成绩。新的华南分局及即将进入华南的人民解放军主力，应对此种成绩有足够而适当的估计，使两方面的同志团结融洽，互相学习，互相取长补短，以利争取伟大的胜利"。双方会合之后，以叶剑英为第一书记的新的中共中央华南分局正式成立。

2. 举行赣州会议

为了研究部署解放华南、广东作战计划等问题，根据中共中央指示，1949年9月7日至24日，叶剑英在赣州先后主持召开了作战会议、分局扩大会议（3次）、高级干部会议，通称"赣州会议"。

9月7日，叶剑英主持召开作战会议，会议主要研究解放广东的作战方案问题。参加会议的有华南分局第三书记方方，第二野战军第四兵团司令员兼政委陈赓、副司令员郭天民、副政委兼政治部主任刘志坚，第四野战军第十五兵团司令员邓华、政委赖传珠、第一副司令员兼参谋长洪学智、政治部主任萧向荣，两广纵队司令员曾生、政委雷经天。会议决定"先行消灭北江、东江之敌，进占曲江、惠阳，创造和平解决条件，争取和平解放。同时，准备对付坚守广州顽抗之敌"。同时，会议充分估计可能发生的情况，作出两套预案。一套方案是："如敌扼守曲江、英德之线顽抗时，四兵团除以一部由铁道西迁回敌之左侧外，主力沿粤汉路及东西两侧并进；十五兵团由'三南'（龙南县、虔南县、定南县）插至英德或以北断敌退路，求得歼灭敌之4个军。以两广纵队经惠阳向南迂回，并相机占领惠州，视情况必要时，以一个军加强之"，闽粤赣边纵队主力"则积极向潮汕方向佯攻，牵制与迷惑敌人"。另一套方案是："如敌集中主力退守广州、虎门时，我决以四兵团沿粤汉路南下进至广州以北、以西，十五兵团进至广州以东，两广纵队则插至广州以南，截断广州、虎门之间联系，合力聚歼广州之敌"，闽粤赣边纵队"仍监视与钳制潮汕之敌"。会议要求第四、第十五兵团和两广纵队必须于9月底，在预定地区完成集结，三部分部队统一由陈赓指挥，10月初行动。9月12日，毛泽东复电："两兵团第一步集结并休息数日，第二步齐头进至曲江、翁源地区并休息数日，第三步协力夺取广州，除此以外均同意。"

9月1日至20日，叶剑英主持召开3次华南分局扩大会

议，目的在于解决9月7日作战会议确定的重大问题。9月11日举行的第一次扩大会议，产生了新的华南分局领导机构。华南分局第一、第二、第三书记为叶剑英、张云逸、方方，常委有叶剑英、方方、陈赓、赖传珠、邓华5人。委员有叶剑英、张云逸、方方、陈赓、郭天民、刘志坚、邓华、赖传珠、洪学智、萧向荣、古大存、曾生、雷经天、冯白驹、林平、陈漫远、莫文骅、林锵云、区梦觉、梁广、冯燊、易秀湘22人。华南分局委员的成员组成充分体现了中央对华南人民武装斗争历史和斗争成绩的肯定，是落实9月8日中央军委致电精神的具体体现，对解放华南具有重要意义。会议组建了以方方、邓华为首的军事小组，成立了由叶剑英、郭天民、刘志坚、黄松坚等组成的支前工作小组，同时研究了其他人事安排。

9月16日，第二次扩大会议举行，叶剑英和方方分别就军事行动和支前工作作了讲话。会议决定野战军在10月上旬开始进军广东，第一步解决曲江（韶关），第二步解放广州，第三步进入广西作战。会议对广东地方人民武装配合野战军作战的任务也作了具体部署。会议通过《关于支前工作的决定》，号召全省动员起来，把支前工作作为当前最紧急的中心任务，全力支援野战军入粤作战，要求各地立即建立健全各级支前机构，由各级首长（专员、地委书记、县长、县委书记、区长、区委书记）分任各级支前司令部司令员、政委，实行一元化领导；各级支前司令部实行垂直领导，下级支前司令部必须服从、执行上级支前司令部的一切命令、指示和通知。

9月19日召开的第三次扩大会议，目的在于帮助南下大军和干部了解广东情况，方方作了《广东情况介绍》的报告。会议作出了《中共中央华南分局关于过去华南及广东工作的决议》，充分肯定了方方领导的华南分局和各地党委自1946年以来在领导武装斗争等各方面取得的巨大成绩。

9月21日至24日，叶剑英主持召开高级干部会议，就目前形势与任务、政策、团结等问题作了重要报告。叶剑英指出，解放广东的重大意义在于宣告蒋介石统治的最后灭亡，并为解放桂、滇创造有利条件。解决广东的和平方式可能性增加了，但是必须以军事条件作为基础。敌人不投降就消灭他，敌人如投降就改编他。叶剑英对接管城市、外交方针等作了透彻阐明，他指出对城市要系统接管、完整接管，接管城市的总任务是安定秩序、团结人民、进行恢复和发展生产建设，要把消费城市变为生产城市；对帝国主义，既不挑衅，也不示弱，你不来侵犯我，我也不去侵犯你，你如果敢

来，我们就一定要抵抗。叶剑英还着重讲述了加强领导作风建设问题，特别要求外来干部与本地干部、党员干部与非党员干部、新干部与老干部、上级干部与下级干部、军队干部与地方干部一定要加强团结。方方、陈赓以及第四、第十五兵团负责人，两广纵队负责人，闽粤赣边区党委和粤赣湘边区党委负责人也在会上作了讲话。

历时半个月的赣州会议，统一了认识，部署了作战行动，是解放广东、解放华南的重要决策会议，对解放广东起到了决定性的作用。

（二）广东战役和粤桂边战役的胜利

1. 广东战役

在人民解放军以秋风扫落叶之势向全国进军之时，中央军委在1949年7月制定了大迂回、大包围、大歼灭的作战方针，以彻底扫灭国民党残余势力。根据这一方针，为了围歼盘踞在湘南、广西、广东的白崇禧和余汉谋两个集团，中央军委组成了中、西、东三路大军。中路军进军湖南衡阳、宝庆，寻敌主力作战，不使敌人南逃或西逃；西路军断敌往滇、黔或越南的退路；由第四、第十五兵团及两广纵队组成的东路军在华南游击纵队的配合下，由赣州、南雄、始兴南进，歼灭余汉谋主力，占领广州。然后东路军一部成为合围白崇禧的南路军，将白崇禧集团消灭在广西境内。广东战役和之后粤桂边战役就是这一作战方针的重要组成部分。

9月28日，叶剑英、陈赓发布《广州外围作战命令》，将东路军分为三路大军。右路军：由第四兵团（司令员兼政委陈赓）（第十三、第十四、第十五军）组成，作战任务是以主力夺取曲江，另一部分兵力直插三水，切断广州敌人西逃道路，然后主力部队经北江西侧和粤汉铁路进至官窑、三水，从西面、西北方向包围广州。左路军：由第十五兵团（司令员邓华，政委赖传珠）（第四十三、第四十四军）组成，作战任务是先打翁源之敌，然后经粤汉铁路东侧向广州进发，从东面、东北方向包围广州。南路军：由两广纵队和粤赣湘边纵队组成，作战任务是切断广州同潮汕之间的联系，从南面包围广州，不使敌人南逃。

为了调动一切力量，10月1日，华南分局发表《告广东同胞书》，号召全省动员起来，协助人民解放军解放广东全境，建立革命秩序，恢复、发展生产。

右路军第四兵团9月10日从江西出发，23日到达南康。粤北是野战军进入广东作战首先要经过的地区。为了配合野战军作战，粤北军民超额完成筹集公粮任务，修复道路，架

中共中央华南分局发表《告广东同胞书》

设数十座桥梁，在粤赣湘边纵队第二支队的策应下，9月22日，国民党始兴县县长兼自卫总队队长饶纪绵率部1300多人起义，并歼灭国民党反动派两个团，破坏了国民党设立的第一道防线，为野战军进击曲江扫清道路。左路军第十五兵团9月底向翁源进发。

1949年10月2日，在中华人民共和国宣布成立的第二天，广东战役正式打响。第四兵团分别于7日、9日占领粤北门户曲江、英德，第十五兵团于6日、9日占领翁源、新丰。9日，两广纵队与粤赣湘边纵队会合于龙川县城佗城，成立南路军前线指挥部，沿龙川、河源、惠州向广州以南挺进，切断敌人沿珠江南逃通道。11日至13日，右路军、左路军相继攻占连江口、佛冈、从化、清远、源潭、花县、增城。至此，余汉谋集团的"最后防线"全面崩溃，在三路大军兵临广州城下时，国民党政府从广州仓皇撤逃重庆。余汉谋集团一部乘船从珠江口撤往海南岛，大部向粤西撤退。

从10月14日中午起，敌人相继炸毁广州白云机场、天河机场和石井、石牌、黄埔等地仓库，下午6时，又炸毁市内连接珠江南北两岸的唯一通道海珠大桥，正在桥上通过的车辆、行人及桥下船只惨遭横祸，死伤2000多人。14日中午，第十五兵团命令第四十三军第一二八师和第四十四军第一三二师两支先头部队，向广州急进，第一二八师一部攻占市区北面的制高点白云山，军队主力沿广（州）花（县）公路向市区进击。第一三二师由广（州）增（城）公路和广（州）九（龙）铁路向市区推进。下午7时，第一二八师第三八二团由北郊突入市区，占领了国民党总统府、广州绥靖公署、广东省政府和警察局等重要目标。晚9时，第一三二师第三九六团从东郊插入市区。在黄沙车站，第三八二团发现拥滞在这里准备逃跑的国民党第五十军第一〇七师和联勤税警团等残部，以及数十辆满载汽油和军用物资的汽车，马

上发起攻击，经过两个小时激战，歼灭敌军1000多人，击沉满载逃敌的3艘大船和数艘小船。人民解放军迅速占领各重要目标。未来得及逃跑的国民党联勤总部第三补给区监护第二营500多人缴械投降。至此，华南最大的城市广州宣告解放。

广州解放前夕，国民党提出"总撤退、总破坏"的口号，妄图把广州变成废墟。在此混乱不堪人民财产毫无保障的严峻时刻，中共广州市委秘密组织领导共产党员、各协会成员及进步的工人、学生、职员、群众，纷纷成立应变机构，千方百计保护国家财产和人民生命财产安全，维护社会

广州解放

治安，对完整接收华南这座城市作出了卓越的贡献。

当人民解放军即将开进广州时，担任国民党广州市警察局保安警察独立大队大队长、保卫组长的中共地下党员程长清，策动保安警察独立大队2000人起义，13个分局也同时起义，他们在解放军未进驻的地区担任保卫任务，为维护广州社会治安作出了积极贡献。

在左路军第十五兵团进入广州时，右路军第四兵团也到达了广州市郊，为了歼灭余汉谋集团主力于广东境内，陈赓命令第四兵团不进广州，主动转向西南方向追歼逃敌，先后占领佛山、三水、四会、高要等地，完全控制北江、西江汇合点，堵住敌人西逃广西的通道。当得知国民党刘安祺兵团向阳江、阳春方向逃窜欲撤海南岛时，陈赓不按原来建制组织部队，而是集结强大精干兵力，分左、中、右三路大胆、高速地平行追击和超越追击，从撤逃的国民党军两翼前出，断其退路，达成合围。

当第四兵团下达追击敌人命令时，国民党残部已经逃出100公里之外。粤中纵队为了能使大军追上敌人，迅速组织人员对敌进行骚扰和牵制，同时在我大军必经道路，抢修桥梁，准备船只，架设电话线，筹集柴草，还设立了两个简易医院，救治伤员，这为大军每天75～100公里速度强行

军追击敌人做了重要准备。同时，粤桂边纵队策动国民党第六十二军军部直属队邱明德警卫营1300余人、保安第三师副师长兼第九团团长陈赓桃1000余人先后在湛江西营、梅茂博铺起义。国民党军队对这两个起义十分震惊，在阳江、阳春暂时停留，以观动静。这为大军赢得了宝贵的时间，10月24日，第四兵团大军追上敌人主力，26日发起总攻，全歼被围的国民党军4万多人，取得两阳围歼战的重大胜利。

在野战军追歼敌人的同时，广东地方游击纵队主动寻求战机。闽粤赣边纵队9月下旬解放兴梅地区，10月上旬解放汕头的外围普宁、揭阳、潮安、潮阳各县。10月23日，广州绥靖公署第一挺进纵队代司令、汕头市市长和警察局局长等率军警及逃至汕头的4个保安营3000多人宣布起义，滞留在汕头的其他国民党军2400多人也宣布投诚。潮汕地区（除南澳外）获得解放。10月29日，两广纵队和粤赣湘边纵队组成珠江三角洲作战指挥部，由曾生任书记的指挥部前线委员会领导两广纵队、粤赣湘边纵队和珠江三角洲地方部队，歼灭了保安第三、第五师及广州卫戍总司令李及兰残部，肃清了珠江三角洲地区的反动武装。粤中纵队10月23日争取敌广东暂编第二纵队司令云汉起义，和平解放江门、会城。11月下旬，粤中大部分地区获得解放。12月，第十五兵团第四十八军与北江军分区发起连阳战役，12月24日取得胜利，歼敌2300余人，连县、连南、连山、阳山获得解放，至此，粤桂湘边区全境解放。

广东战役，歼灭国民党军余汉谋集团主力6.2万余人，解放了除海南岛、雷州半岛和沿海岛屿以外的全省大部分地区，为尔后解放广西和海南岛创造了有利条件。

2. 粤桂边战役

广东战役结束后，人民解放军第四兵团在歼灭余汉谋集团主力后，布兵于广东西部；第四野战军在衡宝战役歼灭白崇禧4个主力师之后，陈兵湘桂边境，白崇禧集团撤至广西，人民解放军对白崇禧形成南北夹击的态势，这为粤桂边战役创造了有利条件。

为了配合解放军开展粤桂边战役，粤桂边区党委成立由符志行为总指挥的雷州前线指挥部，连续解放徐闻、海康、遂溪县城，解放了除湛江以外的雷州半岛全境。1949年11月6日，野战军发起全歼白崇禧集团的粤桂边战役。

白崇禧集团向容县、北流、玉林、博白进击东路军，发起"南线攻势"，企图由玉林、博白、茂名、廉江逃往雷州半岛和海南岛。11月25日，向廉江、茂名、信宜一线流窜的国民党军遭到南路军（原东路军的第四兵团及配属其指挥的第十五兵团第四十三军改为南路军）痛击，在粤桂边纵队配合下，在化县、廉江给敌重大杀伤。27日，解放军相继占领容县、北流、玉林、博白等地，歼敌2.5万余人，俘国民党华中军政长官公署副司令兼第三兵团司令张淦。由于白崇禧从雷州半岛逃走的路线被切断，遂向合浦、钦州撤退，企图乘船到海南岛，为实现这一目的，白崇禧命令"粤桂边剿匪总指挥"司令喻英奇袭击廉江，但很快被解放军消灭，喻英奇被俘，粤桂边战役取得决定性胜利。与此同时，西路军、中路军迅速南下，解放了东兰、宾阳、武宣、梧州以北广大地区，余敌向南宁、钦州、防城逃窜，白崇禧逃往海南岛。

为了不让敌人跑掉，12月2日，陈赓命令南路军急进钦州湾，每日以75～100公里速度前进。粤桂边区人民为大军修路筹粮，许多老人、妇女、儿童挑灯为战士照明，形成绵延数十里的火龙，大大加快了大军前进的速度。6日，终于追上敌军，展开钦州大围歼战，一举歼灭国民党华中军政长官公

第四兵团司令员兼政委陈赓

署及其指挥机构1.2万人，钦县解放。后乘胜横扫上思、思乐、明江、宁明、崇善，11日占领镇南关，19日湛江解放。至此，粤桂边区全境解放，粤桂边战役胜利结束。在这次战役中，共歼敌10万余人，其中粤桂边纵队歼敌2.4万余人。

粤桂边战役歼灭白崇禧集团，震惊了国民党残余势力，粉碎了国民党反动派卷土重来的迷梦，为解放西南各省、解放海南岛提供了可靠的后方基地。

广东战役和粤桂边战役，是广东人民解放战争历史上规模空前的战争。战役是在中央军委的直接策划和指挥下，入粤野战军与广东人民武装密切配合下，取得了巨大胜利，同时，广大人民群众的支援发挥了十分重要的作用。在华南分局的领导下，广东人民为支前作出了巨大贡献，截至1949年12月底，共供给大军军粮209万担，组织民众161.4万人，修复公路1069公里，募集资金近40亿元，保证了几十万大军和党政机关的粮食供给，为解放广东起到了积极配合作用。

（三）接管广州和广东省人民政府的成立

1. 护厂、护校斗争

广州是华南最大的城市和蒋介石集团长期统治的后方基地，蒋介石集团在离开广州之前，大搞破坏，令毛人凤炸毁

广州全部的工厂、水电设备、交通桥梁。为了粉碎国民党反动派的阴谋，华南分局领导广州人民进行了一系列的护厂、护校斗争。

一是开展宣传工作。地下党员将通过电台收听到的解放军胜利进军消息印成传单，派送给广大市民，使人民认识到中国共产党很快将战胜蒋介石集团，取得全国的胜利。通过发行《广州文摘》《广州学生》和油印宣传资料，介绍共产党各项方针、政策，消解人民的疑虑，促进其积极投身护厂、护校斗争。

二是发展党的基层组织和外围组织。在中山大学、广州大学等院校，建立和发展党的基层组织和外围组织，如地下学生联合会、地下妇女联合会、贫民兄弟会以及商会等。然后以此为依托，在工厂、学校成立公开的应变委员会、护校委员会和护厂队等组织。广州党组织还派人打入广东省、广州市的国民党党政军部门，探知国民党大破坏计划。

三是开展统战工作。鉴于国民党统治已经土崩瓦解、部分军政人员开始动摇的特点，广州党组织加强了瓦解敌人特务工作。广州党组织向反动分子发出警告信，责成他们立功赎罪，这使得不少军政人员不敢一意孤行进行破坏。同时，广州党组织动员、争取各类专家和技术员站到人民一边。

需要指出的是，香港、广州地下党整理提供资料，为接管广州做了充分准备。广州党组织领导开展护厂护校工作，使得广州除了海珠大桥被炸毁和几个仓库被破坏外，未遭受更大的破坏，这为解放后的广州乃至全省经济恢复发展奠定了重要物质基础。

2. 顺利接管广州

1949年10月14日，广州解放。10月18日，广州警备司令部成立，司令员邓华，政委赖传珠，副司令员方强，副政委吴富善，政治部主任谭甫仁。10月21日，中共中央华南分局进驻广州市。华南工作团集训的接管广州的干部和从东江抽调的干部也迅速奔赴广州，与南下大军一道接管广州。在进城前，叶剑英发表演说，指出开创华南地区工作首先要集中精力做好广州工作，要求进城干部必须保持艰苦奋斗的作风。进城当天，中国人民解放军广州军事

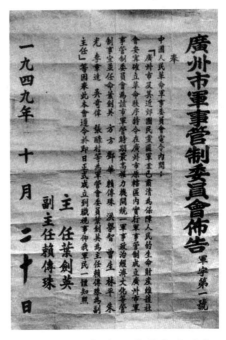

《广州市军事管制委员会布告》

管制委员会成立，主任叶剑英，副主任赖传珠，秘书长萧桂昌，副秘书长杨应彬。10月27日，广东省支前司令部成立，司令员林平，政委方方，参谋长谢育才，任务是负责动员和组织全省人民支援前线。

10月28日，广州市人民政府正式成立，市长叶剑英，副市长李章达、朱光、梁广。三位副市长中，李章达是民主党派，1948年参与组建中国国民党革命委员会，任中国国民党革命委员会第一届中央常务委员兼秘书长，新中国成立后任中央人民政府委员。朱光来自北方，曾任嫩江军区副政委、北平军调部第三十六执行小组中共代表、中共齐齐哈尔市委书记、中共中央东北局城市工作部秘书长、中共长春市委书记等职，1949年9月奉命南下参加广州市的接管工作。梁广抗战胜利后任中共广东区党委副书记、香港分局委员"城委"书记，1948年后任粤桂边区党委书记、中国人民解放军粤桂边纵队司令员兼政委。广州市人民政府领导成员的组成，体现了全国新政协会议精神，同时也体现了外地干部与本地干部的结合。10月30日，新的中共广州市委成立，书记叶剑英，副书记朱光、钟明、廖似光（曾任中华全国总工会执行委员。后随南下部队进入广州，任第三、第四野战军后勤部政治处副主任）。当时广州市是中央人民政府直辖市。

广州市人民政府正式成立，市长叶剑英（右二），副市长李章达（左二）、朱光（左一）、梁广（右一）

10月30日，叶剑英在广州市人民政府工作人员大会上提出安定革命秩序、团结广大人民、努力恢复生产的三大任务。为完成这些任务，华南分局重点抓好接管、治安、金融三个方面的工作。

接管工作。按照"系统接管、完整接管"的原则，全面接管全市33个区及各机关、事业单位。12月上旬，接管任务基本完成。据不完全统计，行政部门共接管原国民党政权系统的单位137个；财经部门接管银行、工厂、仓库共78个；交通电讯部门接管电讯工厂83个；军事部门接管医院、仓库、兵工厂等共87个单位；文教部门接管公立专科以上院校8所，中等学校11所，小学93所，报馆、通讯社、文化馆和戏院共20个；加上其他单位，总共接管534个单位，接收旧人员34310人。这一接管，标志着国民党在广东的政权根基被铲除，政权回到了人民手中。

社会治安工作。广州市军管会针对广州市治安状况不良的严峻状况，对广州实行军事管制，强化人民民主专政的职能。10月25日，宣布国民党及其他反动组织为非法组织，彻底予以解散。28日，查封国民党特务机关，严厉镇压特务和反革命分子。1949年10月至1950年9月，广州市共破获敌特反革命案件442宗，捕获特务反革命分子969人，摧毁国民党特务在广州的潜伏组织5个，破获抢劫案614宗，盗窃案3002宗。另外收容国民党散兵游勇、留用旧政权工作人员合计8万人，扫荡烟、赌和色情活动。通过上述工作，广州市社会治安有了明显好转。

金融工作。针对广州金融市场十分混乱的情况，广州市军管会宣布人民币为统一流通的合法货币，严禁外币流通使用，港币按一定牌价兑换人民币。1949年12月5日下午2时，广州市公安局派出由3000多人组成的纠察队，搜捕地下钱庄和"剃刀门楣"（剃刀门楣：原指理发师用剃刀来剃光头，头顶前后都要刮净。此处比喻受到双重剥削、多花钱）660家（档），抓获人犯共1000余人，摧毁了反动派的潜在经济体系。这些措施遏制了广州金融市场的混乱状况，稳定了物价。

3. 成立广东省人民政府

1949年11月6日，广东省人民政府成立。广东省人民政府主席叶剑英，副主席方方、古大存（曾长期在东江地区工作，解放战争时期曾任中共中央东北局委员、组织部副部长，东北行政委员会交通部部长）、李章达，秘书长云广英（1949年6月吉林省委组织的南下干部大队带队人之一，曾任江西省人民政府秘书长），副秘书长左洪涛。广东省人民政府委员为杜国庠、林锵云、梁广、冯燊、谭政文、易秀湘、区梦觉、林美南、张文、陈汝棠、丘哲、黄药眠、李伯球、萧向荣、蒋光鼐、李民欣、陈其尤、邓华、赖传珠、洪学智、冯白驹、林平、云广英、曾生、吴奇伟、李洁之、简玉阶、李朗如、司徒美堂、张醁村。从委员组成可以看出，广东省人民政府囊括了广东省各方面代表人物，包括民主爱国人士，"这是真正广东人民自己的人民民主政府"。省政府下设的组成机构有办公厅、政治法律委员会、财政经济委员会、文化教育委员会、华侨事务委员会、外侨事务处、民

政厅、财政厅、商业厅、工业厅、农林厅、交通厅、公安厅、卫生厅、劳动局、水产局、海岛局、合作事业局、人民检察署等。

11月17日，广东军区成立，司令员兼政委叶剑英，邓华、洪学智、曾生分任第一、第二、第三副司令员，赖传珠、林平、冯白驹分任第一、第二、第三副政委，萧向荣为政治部主任，杨康华为政治部副主任。至此，广东省、广州市党政军领导机构已经建立和健全。

广东省人民政府成立初期，主要任务是做好追歼残敌、肃清匪特，开展社会救济、生产救济，召开各级人民代表会议和农民代表会议等工作，以巩固各级人民政权。1950年1月1日，广东省人民政府举行成立典礼。广东省人民政府的成立，标志着广东人民在党的领导下，取得了新民主主义革命的胜利，诞生了人民当家作主的政权，广东的发展进入了新的历史阶段。

（四）海南岛战役和沿海岛屿的解放

1. 决策渡海

广东战役和粤桂边战役后，广东全境只有海南岛没有解放。海南岛面积3.2万平方公里，是中国第二大岛，海岸线

1000余公里，与雷州半岛隔海相望。国民党败退的残余势力，纷纷从大陆逃往海南岛，1949年12月，国民党成立"海南防卫总司令部"，由薛岳任总司令，岛上国民党兵力达10万人，有海军舰艇50余艘，作战飞机24架，运输机20架。薛岳（字伯陵）构筑了所谓的"陆、海、空立体防线"（又称"伯陵立体防线"），企图长期固守海南岛。

为了解放海南岛，第十二兵团第四十军、第十五兵团第四十三军并配属加农炮、高射炮各一个团与工兵一部共10万余人集结雷州半岛，组成渡海作战兵团，由第十五兵团司令员邓华、政委赖传珠统一指挥。渡海作战兵团于1949年12月底全部集结于雷州半岛及两侧数百公里的海岸线上，立即开展渡海作战准备工作。1950年1月1日，中共中央发表《告前线将士和全国同胞书》，将解放海南岛作为中国人民解放军和中国人民1950年的光荣任务之一。遵照中共中央指示，华南分局决定把解放海南岛、解放全广东作为1950年广东省中心工作的首要任务。

2月1日，叶剑英在广州主持召开解放海南岛作战会议。出席会议的有第十五兵团司令员邓华，政委赖传珠，第一副司令员兼参谋长洪学智，第四十军、第四十三军的军长、政委以及琼崖纵队负责人共同参加会议。冯白驹提出建议，乘

敌人防线未甚严密，先行派一批兵力偷渡海峡加强岛上的接应力量，若此办法不行，可以派一批干部和技术人员把枪械、弹药运送过海，以充实琼崖纵队的武器装备。叶剑英肯定冯白驹建议的先派小部队偷渡过海是个好办法。会议决定采取"积极偷渡、分批小渡与最后登陆相结合"的战役指导方针。中央军委和第四野战军前线委员会批准了这一方针，毛泽东在复电中，还同意第四野战军前线委员会提出以第四十三军一个团先行渡海的建议，认为"此种办法如有效，即可能提早解放海南岛"。广州会议正确确定了渡海作战方针，为海南岛战役顺利进行指明了方向。

2. 支前准备

1950年1月2日，华南分局作出《关于支援海南岛作战的决定》，指出渡海作战是一个极端复杂而且艰巨困难的任务，要求各级党政机关必须全力支援并迅速调集大量船只、船工、器材、经费和进行各种应有的充分准备。

（1）召开支前工作会议。

为了做好支前工作，叶剑英先后主持召开两次海南岛战役支前工作会议。

1月30日，第一次支前会议召开，广东省人民政府和渡海作战兵团有关方面负责人参加会议。会议主要研究了经费、船只、粮草等问题。会议决定在省支前司令部的基础上成立广东省支前工作委员会，隶属省政府，由叶剑英、方方、古大存、邓华、赖传珠、陈光、洪学智等16人为委员，司令员林平，政委方方，下设船只准备委员会、物资供应委员会、策反工作委员会及雷州（南路）支前委员会等机构。

3月22日，第二次支前会议召开。第四野战军后勤部政委陈沂、第十五兵团政委赖传珠、省支前司令员林平及有关方面负责人参加会议。会议要求一切工作要服从渡海作战的需要。会议增补易秀湘、林锵云、周辉为支前司令部副司令员，充实了支前司令部工作机构和人员。

之后，华南分局电示各地党委，广东省人民政府、广州市人民政府、广东军区、广东财政经济委员会又联合发出《为集中人力物力支琼作战的联合通令》，要求"凡广东省党政军民各机关支前之一切作战物资，均应在'解放海南第一'下实行征用"。

（2）广东大陆支前工作。

在华南分局领导下，海南岛战役的支前工作在广东大陆特别是雷州半岛轰轰烈烈地展开了。

首先，征集船只、招募船工。省支前司令部组成7个船只调查组，在广州和沿海各地进行船只登记和征集工作。经过4个多月努力，省支前司令部共征集和修装帆船2666只，招募船工1.2万余人，保证了渡海作战的需要。广大船工还与渡海部队一起参加了渡海作战，雷州半岛共有115名船工、舵手英勇牺牲。

其次，筹集粮饷给养。广大群众克服自己生活的困难，节省口粮，筹集了7000余万斤（1斤=500克）粮食。特别是南路地区群众，刚在粤桂边战役支前中付出了巨大牺牲，现在又为海南岛战役倾尽全力。

再次，修路、架桥、运输。在支援海南岛战役中，广东大陆共组织民工96万多人，出动牛车4万多辆，修筑公路3264公里、桥梁94座、渡口6座，运输了大量物资，而且组织了许多担架队、医疗队，运送伤病员。

最后，协助海上练兵。由于渡海作战部队大多是北方人，不习水战，为了适应渡海作战，部队开展了海上大练兵运动。雷州半岛组织船工、渔民，协助部队搞好海上练兵，在他们的帮助下，广大战士在较短时间熟悉水性，掌握了航海技术。

（3）琼崖军民迎接大军。

　　琼崖区党委在五指山解放区的毛栈召开党政军负责人会议，详细研究讨论了如何做好迎接野战军渡海作战的各项准备工作。区党委号召全琼党政军民总动员，积极做好迎接野战军到来的一切准备工作。

　　筹粮筹款。琼崖区党委开展筹集钱粮的"一元钱一斗米"运动，琼崖临时人民政府发行40万银圆的解放公债。据不完全统计，从1950年1月至2月，海南人民筹集5万多担粮食，超额完成政府发行的公债任务。

　　动员船工、征集船只协助野战军渡海作战。虽然国民党残部实行封港扣船，不准任何船只出海，但西区、北区还是千方百计征集到170多艘木船，动员400多名船工，在渡海作战前夕，分批送到雷州半岛，后来他们又承担为野战军渡海引渡的任务。

　　协助渡海作战部队搜集情报。为了准确掌握敌军动向，琼崖区党委和琼崖纵队向渡海部队提供了海南敌军设防的情报和沿海各港口、海岸线的水文、气象资料，还绘制了海口地区地形图。

　　动员民工组成支前大军。在作战前夕，琼崖动员6万多人参加支前队伍，建立成千上万个运输队、担架队、救护队等。

　　粉碎敌军进犯，保存、发展接应力量。薛岳在1950年

2月初集中三分之二的兵力向琼崖各解放区大举进攻，琼崖纵队司令部发出粉碎残敌阴谋的军事指示，积极开展对敌斗争。据不完全统计，在2月初至3月初，琼崖纵队进行较大战斗15次，歼敌400多人，不仅削弱了敌军，而且保存了革命的力量。

3. 解放海南

随着各项准备工作的就绪，解放海南岛战役于1950年3月正式开始。

（1）四次成功偷渡。

根据广州作战会议的部署，1950年3月，在琼崖军民的接应和配合下，渡海作战兵团分四次组织偷渡。

第一次偷渡。2月底，冯白驹向渡江作战兵团建议利用敌人在海头港至白马井之间守备空虚的有利时机，进行偷渡。3月5日下午7时30分，第四十军第一一八师一个加强营799人，在第一一八师参谋长苟在松率领和琼崖纵队司令部侦察科科长郭壮强协助下，乘船13只，于3月6日下午，突破敌飞机、军舰封锁和岸上守敌的拦阻后，在白马井以南滩头登陆。

第二次偷渡。3月10日下午1时，第四十三军第一二八师第三八三团组织一个1000人的加强营，在团长徐芳春率领和琼崖干部林栋协助下，乘船21只，虽经狂风暴雨，但次日上午终于在赤水港一带登陆。第四十军第三五二团两个排在海面执行任务时，意外遭遇海风漂至儋县海面，他们果断登陆。

第三次偷渡。3月26日下午7时，第四十军第一一八师第三五二团主力及第三五二团第二营共2937人组成加强团，在第一一八师政治部主任刘振华和琼崖纵队副司令员马白山的率领下，乘船81只，本预定在临高角一带登陆，然由于风向变化，次日临时决定在澄迈县玉包港附近登陆。

第四次偷渡。3月31日晚10时30分，第四十三军第一二七师一个加强团3733人，在师长王东保、政委宋维栻率领和琼崖北区地委原宣传部部长陈说及徐清洲的协助下，乘船88只，次日在福创湾一带登陆。

四次成功偷渡，使岛上人民武装力量增加了约一个师的兵力，突破了敌人吹嘘的固若金汤的立体防线，大大增强了海南军民迎接大军渡海作战的信心，同时使后续的主力部队极大地树立了敢用木船突破封锁、登岛歼敌的信心，从根本上消除了对海战的恐惧，为主力部队大规模登陆作战积累了经验，创造了有利条件。

（2）围歼海南敌军。

根据四次偷渡的成功经验，叶剑英、邓华、赖传珠等经过认真分析研究，决定放弃依靠改装大批机器船只和购买登陆艇实施大举渡海的作战方针，确定以木帆船为主，争取部分改装机器船，抓住有利时机，组织两军主力，提前实施大规模渡海登陆作战。中共中央军委和第四野战军前线委员会均同意这一作战方针。后来的实践证明，渡海作

第十五兵团司令员邓华

战方针的变更，是符合客观实际的，是完全正确的。

4月16日，华南分局、广东军区和广东省人民政府联合发表《告海南岛同胞书》，号召海南人民配合解放军主力解放全海南。同日，广东军区司令员兼政委叶剑英、副司令员邓华、副政委赖传珠联名发表《告海南岛国民党军官兵书》，号召他们放下武器，停止抵抗，接受改编。

4月16日晚7时，解放军第四十军6个团共1.8万余人，由兵团副司令员兼第四十军军长韩先楚、副军长解方率领，在琼崖纵队参谋长符振中协助下，乘船300多只，在徐闻西南的灯楼角一带起渡；第四十三军两个团6968人，由副军长龙

书金、第一二八师师长黄荣海、政委相炜率领，在琼崖纵队政治部组织部副部长谢应权等协助下，乘船81只，由徐闻南面三塘一带起渡。两军以木船为主渡海。行至中流，遭遇前来拦截的拥有现代化装备的敌人舰队，双方展开激烈海战。意想不到的是，解放军把敌舰打得落花流水、四处逃窜，创造了海战史上木船打败现代军舰的奇迹。在琼崖纵队和大军先遣部队的接应下，两军突破国民党陆、海、空军对海上的封锁，于4月17日凌晨成功登陆海南岛北部海岸。海南岛的敌我力量发生了自建立党组织以来的历史性根本变化。

第四十军与琼崖纵队第一总队会合，先后攻占美合、加来、临高、儋县。第四十三军与琼崖纵队第三总队会合，包围黄竹、美亭，敌人调集4个师实施反包围，双方展开激烈

1950年4月，渡海大军攻占滩头阵地

战斗。在凤门岭战斗中，第三八一团第一营第一连在当地民兵支援下，13次打退敌人的冲锋，最后全连只剩13名战士，但仍坚守阵地。第四十军主力火速赶来支援第四十三军，对敌人主力实行反"反包围"，全歼美亭突围之敌，击破敌第六十二、第三十二军，敌军向海口全线溃退。4月22日，薛岳见大势已去，下总撤退令，自己也飞往台湾。4月23日，海口解放。4月24日，渡海作战兵团司令员邓华率领第二梯队第四十三军4个团在海南登陆。4月25日，邓华、冯白驹等领导会面后，成立海南军事管制委员会，主任邓华，副主任冯白驹等。鉴于敌人全面撤退，残部企图从南部港口逃走，渡海作战兵团命令参战部队乘胜追击、迅速解放全海南，4月30日解放榆林、三亚。5月1日解放北黎、八所等地，至此，海南岛宣告解放。海南岛战役共歼灭敌人3.3万人，开创了解放军胜利渡海作战的先例。5月5日，中国人民革命军事委员会为海南解放发来贺电。同日，渡海作战兵团与琼崖纵队在海口隆重举行庆祝大会。

解放海南岛之后，从5月25日至8月4日，在广东军区江防司令部舰艇部队及珠江军分区炮兵团的配合下，解放军第四十四军第一三一师发动解放万山群岛的作战，相继解放青洲、垃圾尾、大小万山等共45座岛屿，毙伤敌第二舰队司令齐志鸿以下500余人，击沉敌炮舰8艘，击伤敌舰艇10艘，俘敌舰2艘。解放万山群岛战役是人民解放军陆海军协同作战的开端，彻底粉碎国民党军队对珠江口的封锁，该战役拔除了国民党军队在华南沿海的最后立足点。毛泽东赞扬这是人民海军首次英勇战例，应予表扬。解放军第四十三军第一二二师在粤中军分区配合下，8月9日一举解放阳江西南海面的南鹏岛，歼敌400余人，消除了广东西南海域交通航道上的一大障碍。至此，广东全省除东沙、南沙诸岛外，已全部获得解放。

解放战争时期，在中共中央和广东区党委、香港分局、华南分局的领导下，人民革命力量不断发展和壮大，开展了波澜壮阔的革命斗争，最后配合人民解放军南下部队，实现了广东全境的解放。广东的历史，由此翻开了新的一页，广东人民为建设社会主义新广东、建设繁荣富强的社会主义新中国奋斗不息。

主要参考文献

1. 毛泽东：《毛泽东选集》第四卷，人民出版社1991年版。

2. 毛泽东：《毛泽东军事文选》，中国人民解放军战士出版社1988年版。

3. 广东省人民武装斗争史编纂委员会：《广东人民武装斗争史》第四卷（解放战争时期），广东人民出版社1995年版。

4. 广东省人民武装斗争史编纂委员会：《广东人民武装斗争史》第五卷（大事记），广东人民出版社1995年版。

5. 中共广东省委党史研究委员会、中共广东省委党史资料征集委员会：《中共广东党史大事记》，1984年（内部发行）。

6. 中共广东省委党史研究室：《中国共产党广东地方史》第一卷，广东人民出版社1999年版。

7. 中共广东省委党史研究室：《中共广东党史大事记》，中共党史出版社1993年版。

8. 琼崖武装斗争史办公室：《琼崖纵队史》，广东人民出版社1986年版。

9. 曾生：《曾生回忆录》，解放军出版社1992年版。

10. 于振瀛：《战争史上的奇迹》，广东人民出版社1995年版。

11. 黄振位：《中共广东党史概论》，广东高等教育出版社1994年版。